# 왜 이성계는 위화도에서 군대를 돌렸을까?

교과서 속 역사 이야기, 법정에 서다

21
역사공화국
한국사법정

최영 vs 이성계

왜
이성계는
위화도에서
군대를 돌렸을까?

글 김갑동 | 그림 조진옥

|주|자음과모음

최영과 이성계가 살았던 14세기는 고려가 나라 안팎으로 심한 몸살을 앓던 시기였습니다. 나라 안에서는 권문세족의 수탈과 국가 경제의 붕괴로 인해 새로이 관직에 진출한 관료에게 지급할 토지마저 부족한 실정이었고, 나라 밖에서는 홍건적의 침입과 왜구의 침탈이 극에 달했습니다. 이러한 상황을 미루어 보면 일반 백성의 생활이 어떠했을지는 쉽게 짐작할 수 있겠지요.

고려는 몽골과의 전쟁 이후 직간접적으로 원나라의 간섭을 받을 수밖에 없었고, 원나라의 막대한 공물 요구와 경제적 수탈로 인해 고려의 경제 기반이 흔들리게 되었습니다. 이러한 원나라와의 관계 속에서 '권문세족'이라는 새로운 지배 세력이 등장했습니다. 이들은 친원적인 성향을 띠고 있었는데, 대개 몽골어를 배운 후 역관으로 활동하거나 매를 길러 원나라에 바치던 응방이라는 기구에서 활동하면서 부를 쌓았습니다. 권문세족의 자손들은 과거 시험을 보지 않고 음서를 통해 관직에 진출했는데, 이들은 유학보다는 불교와 깊은 인연을 맺고 있었습니다. 권문세족은 고려 말 백성들의 토지를 빼앗아 대토지를 소유했고, 일반 양민을 노비로 삼기도 했습니다.

당시 이 같은 국가 위기 상황을 극복하려는 새로운 세력이 성장하고 있었습니다. 이들은 바로 '신진 사대부' 또는 '신진 사류'라고 불리는 사람들이었지요. 이들은 대체로 유교적 소양을 갖추고 있었으며, 과거 시험을 통해 관직에 진출한 지방의 중소 지주들이었습니다. 신진 사대부는 권문세족의 문제점을 비판하면서 정방과 권문세족이 소유한 농장을 혁파하라고 주장했습니다.

게다가 국외 상황은 훨씬 심각했습니다. 이민족의 침입이 바로 그것입니다. 고려의 북쪽에서는 홍건적이 침입했습니다. 홍건적은 원나라 말에 몽골족의 압제에 시달리던 한인이 중심이 되어 백련교와 미륵교라는 비밀 종교 결사 단체에서 세력을 확장하여 원나라에 대항했던 농민 반란 세력이었습니다. 이들은 머리에 붉은 수건을 둘렀기 때문에 '홍건적' 또는 '홍두적'이라 불렸는데, 한때 세력을 키워 중국의 화북 지방과 화중 지방 일대를 장악하고, 스스로를 황제라 칭하며 '송'이라는 나라를 세우기도 했습니다. 그러나 홍건적은 내부 분열로 인해 통일 정부를 수립하지 못하고 원나라의 토벌군에 쫓겨 두 차례나 고려에 침입했습니다.

홍건적은 1359년(공민왕 8)에 4만 명의 병력으로 고려에 침입하여

왜 이성계는 위화도에서 군대를 돌렸을까?

서북 지방을 노략질하고 서경을 함락했으며, 1361년(공민왕 10)에는 10만 명의 병력으로 고려에 침입하여 개경을 함락했습니다. 이때 공민왕은 안동까지 피란을 가야 했지요.

고려의 남쪽에서는 왜구가 침입했습니다. 특히 최영과 이성계가 살았던 시기에는 왜구의 침탈이 극에 달하여 1350년부터 1391년까지 기록에 나타나는 것만 해도 506회에 이르렀습니다. 왜구는 주로 해안 지방을 중심으로 조세 저장 창고인 '조창'과 조곡 운반선인 '조선'을 약탈했고, 차츰 세력을 키워 고려의 내륙 지방은 물론이거니와 개경 근처까지 출몰하여 만행을 저질렀습니다. 그리하여 고려에서는 수도를 개경에서 철원으로 옮겨야 한다는 주장까지 나오게 되었습니다.

이 시기에 두 영웅이 나타났는데, 그들이 바로 최영과 이성계였습니다. 두 사람은 외부의 적이 고려에 침입했을 때에는 힘을 모아 고려를 지켜 냈지만 민생과 국가 기강을 재정립해야 하는 중요한 시점에 서로를 포용하지 못했습니다. 최영은 자신의 딸이 우왕의 비가 되면서 국왕의 장인으로서 정치적 입지를 더욱 공고히 하고 권문세족을 대변하는 입장에 서게 되었습니다. 하지만 세력 기반이 미약했던 이성계는 중앙 정치의 핵심에서 소외되어 권문세족을 비판하고 개혁 정치를 추구했던 신진 사대부와 뜻을 함께하게 된 것입니다.

그런데 1388년(우왕 14) 3월, 둘 사이의 입장 차이가 확연히 드러나는 사건이 발생했습니다. 명나라는 홍건적이었던 주원장이 세력을 모아 세운 나라입니다. 중국에서 몽골족을 몰아내고 만주를 차지한 명나라는 원나라가 이전에 점유했던 고려에 대한 우위와 이권을 그대로 유지하고자 했습니다. 원나라가 지배했던 쌍성총관부에 철령위를 설치하여 철령 이북의 영토를 명나라의 영토로 삼겠다고 일방적으로 알려 왔지만, 고려는 도저히 받아들일 수 없었습니다. 그렇다고 선뜻 명나라와 전쟁을 할 수도 없는 상황이었습니다. 진퇴양난의 길에서 최영과 우왕은 명나라가 고려를 공격하기 전에 먼저 랴오둥을 공격하여 잃어버린 고구려의 옛 영토를 되찾자는 결단을 내렸습니다. 그러나 반대 여론도 만만치 않았습니다. 철령 이북의 영토를 명나라에 넘기는 것은 반대하지만 랴오둥을 공격하기보다는 외교적인 방법으로 해결점을 찾아보자는 주장이었지요. 이성계도 마찬가지였습니다. 이성계는 네 가지 이유를 들며 랴오둥 공격에 반대했습니다. 그럼에도 불구하고 당시 권력의 핵심에 있던 우왕과 최영은 이성계를 비롯한 신진 사대부의 반대 의견을 묵살하고 전투에 나서라는 명령을 내렸습니다.

1388년 최영은 팔도도통사로, 이성계는 우군도통사로 랴오둥 정벌에 함께 나섰습니다. 그러나 최영은 자신의 암살 기도를 의식한 우왕의 만류로 평양성에 남았고, 결국 이성계의 우군과 조민수의 좌군만이 랴오둥 정벌에 나섰습니다. 강제로 출정한 이성계는 압록강 하류의 위화도에서 군사를 돌려 개경으로 갔습니다. 그리고 최영을 사로잡아 유배하고 우왕을 폐위하여 강화도에 유폐했습니다. 위화도 회군 이후 이성계는 사전(개인 소유의 논밭)을 없애고 정치 기구를 개편하여 실권을 장악하고 1392년 왕위에 올랐습니다.

이처럼 14세기의 고려는 내우외환(內憂外患)이 중첩되는 혼란한 시기였습니다. 국가의 존립이 위협받는 상황에서 최영과 이성계는 자신의 능력을 한껏 발휘하여 고려의 위기 상황을 극복하는 데 구심점 역할을 했습니다. 그러나 랴오둥 정벌을 계기로 상황은 반전되었습니다. 한 사람은 형장의 이슬로 사라졌고, 다른 한 사람은 새로운 나라를 세워 지존의 자리에 오른 것입니다.

그런데 만약 이성계가 위화도에서 회군하지 않고 랴오둥 정벌에 성공했다면 어떻게 되었을까요? 정말 고구려의 옛 영토를 회복할 수 있었을까요? 오늘 한국사법정을 찾아온 최영은 이성계의 위화도 회군이 왕명에 따르지 않은 반역이라며 소송을 제기했습니다. 최영은 이성계의 불법성을 세상에 알리고 자신의 실추된 명예를 회복하리라 결의에 차 있습니다.

최영이 제기한 이번 소송에는 우왕과 이인임, 조준, 정몽주, 정도전 등이 증인으로 나섭니다. 과연 누가 옳았는지 당사자와 증인들을 통해 흥미진진하게 지켜봅시다. 그리고 여러분도 배심원이 되어 함께 사건의 진위를 판결해 보기를 바랍니다.

김갑동

**차례**

## 재판 첫째 날 난세의 두 영웅

고려 말 홍건적과 왜구의 침입을 격퇴하
는 과정에서 최영, 이성계 같은 무인 세력
이 성장하였다. 한편 원을 멸망시킨 명은
고려에게 철령 이북의 영토를 넘겨줄 것
을 요구하였고 고려는 이를 거부하였다.

| 중학교 | 역사 | V. 고려 사회의 변천<br>1. 무신 정권의 성립과 몽골과의 전쟁<br>   (3) 자주성을 회복하다 |
| --- | --- | --- |

고려는 명이 차지한 랴오둥을 수복하기 위
해, 이성계와 5만의 군사를 출정시켰다. 하
지만 이성계는 압록강의 위화도에서 군사를
돌려 개경을 점령하고 우왕을 폐위하였으
며, 랴오둥 정벌을 주도한 최영을 제거하였
다. 이 사건을 '위화도 회군'이라고 한다.

고려 말, 권문세족은 권력을 독점하고 불법적인 방법으로 대토지를 소유하였다. 신진 사대부는 성리학을 바탕으로 권문세족의 횡포와 불교의 폐해를 비판하였다. 이 과정에서 고려의 모순을 개혁해 나가자는 쪽과 새 왕조를 세우자는 쪽으로 세력이 나뉘었다.

고등학교　　한국사

II. 고려와 조선의 성립과 발전
　2. 유교 정치의 이상을 꽃피운 조선
　　(1) 민본 이념을 구현하기 위한 통치 체제를 갖추다

고려 말 권문세족의 부패에 염증을 느낀 정도전과 남은 등은 왜구 토벌로 큰 공을 세워 백성의 신망을 얻은 이성계와 손을 잡고, 위화도 회군을 계기로 정치적인 실권을 장악하였다. 과전법의 실시로 경제적 실권까지 장악한 신진 사대부와 이성계 일파는 정몽주 등을 제거하고 이성계를 왕으로 추대하였다.

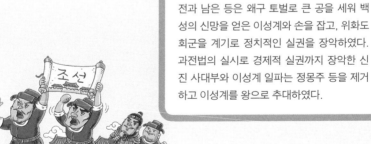

1351년　공민왕 즉위

1359년　홍건적, 고려 침입

1361년　공민왕, 홍건적의 침략으로
　　　　복주(안동)로 피란

1365년　신돈, 개혁 실시

1370년　고려, 명나라의 연호 사용

1374년　우왕 즉위

1376년　최영, 왜구 격퇴

1377년　이성계, 왜구 격퇴

1388년　이성계, 위화도 회군
　　　　창왕 즉위

1391년　이성계, 삼군도총제사가 되어 군사 통수권 장악
　　　　과전법 실시

1392년　이성계, 조선 건국

1393년　국호 조선으로 결정

1394년　정도전,『조선경국전』편찬
　　　　한양으로 천도

1336년     일본, 남북조 시대 시작

1337년     백년 전쟁 시작

1344년     보카치오, 『데카메론』 출간

1357년     오스만 튀르크, 가리폴리 점령

1367년     명나라, 『대명률』 제정

1368년     원나라 쇠망, 주원장 명나라 건국

1369년     중앙아시아에 티무르 제국 성립

1376년     존 위클리프, 종교 개혁 시작

1381년     영국, 와트 테일러의 농민 반란

1392년     마자바히트 왕국, 분열 시작

1393년     오스만 튀르크, 불가리아 정복

원고 **최영(1316년~1388년)**

나는 고려의 장군이자, 우왕의 장인인 최영입니다. 이성계가 위화도에서 군대만 돌리지 않았어도 우리 민족의 영토가 훨씬 더 넓어졌을 텐데, 참으로 원통하고 분한 일입니다.

원고 측 변호사 **김딴지**

나, 김딴지 변호사는 역사에 대한 해박한 지식을 가지고 있으며 잘못된 역사를 바로잡는 데 혼신의 힘을 쏟는 변호사랍니다.

나는 신돈의 아들이라는 세간의 오해를 받았지만 왕위에 올라 나름대로 고려를 바로잡으려고 노력했습니다. 이성계는 왕명을 거역한 역적입니다. 오늘 분명하게 밝혀 드리지요.

나는 이성계가 고려를 무너뜨리고 새로운 왕조를 창건한 것이 자신의 권력욕을 채우기 위한 쿠데타였음을 보여 줄 겁니다. 기대해 주세요.

피고 **이성계** (1335년~1408년, 재위 기간 : 1392년~1398년)

나는 조선을 건국한 태조 이성계입니다. 내가 위화도 회군을 단행한 건 나라를 걱정하는 충성심 때문이었습니다. 내 판단이 옳았다는 것을 이번 재판에서 꼭 증명하겠습니다.

피고 측 변호사 **이대로**

역사공화국에서 명변호사로 널리 알려진 이대로 입니다. 역사적 진실은 쉽게 변하는 것이 아니라고 생각하는 변호사이지요. 여러분, 기존의 역사적 평가는 다 이유가 있다니까요!

나는 고려 말의 권문세족이지만 회개하는 마음으로 오늘 재판에 나섰습니다. 고려 말의 여러 상황을 증언할 것입니다. 여러분, 넓은 아량으로 봐 주세요.

나는 고려 말의 경제적 파탄을 보고만 있을 수 없어 이성계를 도와 토지 개혁을 이끌었습니다. 지금도 그 일에 대해서는 후회가 없어요.

나는 항상 '새 술은 새 부대에 담아야 한다'라는 생각으로 원대한 계획하에 이성계와 손잡고 개혁을 주도했습니다.

# "나는 고려의 마지막 무장, 최영입니다"

여기는 역사공화국 김딴지 변호사의 사무실이다. 김딴지 변호사가 꾸벅꾸벅 졸다가 정신을 차리려고 기지개를 켜려는 순간, '저벅저벅' 발자국 소리가 가까워지더니 노크 소리와 함께 육중한 체격의 사내가 사무실 안으로 들어왔다. 김딴지 변호사가 얼른 일어나 자세를 고쳐 앉으며 말했다.

"어, 어서 오세요."

우람한 체격과 부리부리한 눈빛은 얼핏 보기에도 무인의 기상이 느껴졌다.

"안녕하십니까?"

사내는 굵직한 목소리로 짧은 인사를 건네고는 의자에 앉았다.

"어떻게 오셨습니까?"

김딴지 변호사가 의례적인 말투로 물었다.

"단도직입적으로 말씀드리지요. 난 최영입니다."

"'황금 보기를 돌같이 하라'는 명언을 남기신 최영 장군이란 말인가요?"

"그렇습니다."

"최영 장군님과 같이 훌륭하신 분이 여기까지 웬일이신가요?"

"훌륭하다고 말해 주니 고맙소. 그러나 지상 세계의 몇몇 사람들은 내가 지나친 엄격주의자에다 고집쟁이이고, 또 당시의 사회적 현실을 잘 몰라 개혁 의지도 없었던 인물이라며 비판하더군요."

"네, 저도 어느 역사학자가 그렇게 말하는 것을 들은 기억이 있습니다. 그런데 그런 비판이야 흔히 있는 것 아닙니까?"

김딴지 변호사는 대수롭지 않다는 듯 말했다. 그러자 최영 장군이 얼굴의 미소를 거두며 말했다.

"맞습니다. 그런 비판이야 얼마든지 할 수 있지요."

"그럼 무엇 때문에 여기까지 찾아오신 것입니까?"

"이성계, 그 반역자 때문에 우리 영토가 넓어질 수 있었던 절호의 기회를 놓쳐 버렸습니다. 그가 위화도에서 군대만 돌리지 않았어도 랴오둥 땅이 우리 것이 되었을 것이고, 그렇다면 국력도 지금보다 훨씬 커졌을 겁니다. 더욱이 이 조그만 영토가 분열된 것을 생각하면……."

"장군님, 진정하세요."

"그뿐만이 아니에요. 이성계는 왕명을 거역하고 상관을 체포한

죄를 범했습니다. 이는 군인의 신분으로서 절대 할 수 없는 행위이
지요."

최영은 분에 못 이긴 듯 주먹을 치켜들었다.

"저도 군대에 갔다 왔기 때문에 군법을 좀 압니다만, 군법으로 따
지자면 사실 사형감이지요."

김딴지 변호사가 맞장구를 치자 최영은 더욱 분개하면서 말했다.

왜 이성계는 위화도에서 군대를 돌렸을까?

"맞습니다. 그런데 오히려 내가 이성계에 의해 죽임을 당하고 말았습니다. 도대체 내가 무슨 죄를 지었단 말입니까? 게다가 항간에는 내가 친원파라 명나라에 대항하여 랴오둥을 정벌하자고 주장했다는 헛소문도 있더군요. 하지만 이는 내 진심을 너무나 모르고 하는 얘기입니다."

"아, 알겠습니다. 그러니까 이번 재판을 통해 장군님에 대한 비판이나 비난을 잠재우고 이성계의 역적 행위를 낱낱이 밝히고 싶으시다는 말씀이시군요."

"그렇습니다. 나는 비록 역사에서 패했지만, 패한 사람이 더 위대할 수도 있다는 것을 후손들에게 꼭 보여 주고 싶습니다."

"알겠습니다. 저도 장군님을 도와 이번 재판에서 꼭 이기도록 노력하겠습니다."

"좋습니다. 나도 변호사님을 믿고, 또 역사의 정의를 믿는 자세로 이 재판에 임하겠습니다."

# 최영과 이성계,
# 그리고 위화도 회군

　고려 말, 나라는 안팎으로 많은 근심거리를 안게 됩니다. 나라 안으로는 권문세족들이 나라의 실질적인 권력을 쥐고 흔들며 나라의 경제와 백성들을 착취하고 있었고, 나라 밖으로는 홍건적과 왜구가 들끓었어요. 그러한 때에 고려에는 두 사람의 명장이 있었습니다. 바로 최영과 이성계였지요.

　최영은 문신 가문의 출신으로 '황금 보기를 돌같이 하라'는 가르침을 준 아버지의 말씀에 따라 평생을 청렴하게 살며 무장의 길을 걸었던 인물입니다. 공민왕의 뜻을 받들어 대륙의 정세를 파악하는 일에 앞장섰으며, 원나라와 맞서고 홍건적과 왜구를 격퇴하였지요.

　이성계는 원나라 쌍성총관부의 관리를 지내던 이자춘의 아들로 태어났습니다. 이성계는 개혁 성향이 강한 신진 사대부와 손을 잡고 정도전, 이색 등과 친분을 쌓았지요. 그리고 당시 창궐하던 왜구를 물리쳐 백성들의 신망을 얻었습니다.

　그러던 1388년, 명나라는 철령(오늘날의 강원도 안변) 이북의 땅을 내놓으라는 통고를 해 옵니다. 이에 최영은 반발했고, 이성계와 신진 사대부는 명나라의 요청을 받아들이자고 했지요.

　결국 고려의 우왕은 최영과 이성계에게 명나라를 공격할 것을 명령합니다. 하지만 명나라를 칠 시기가 적절치 않다고 여긴 이성계는 압록강 하류에 있는 위화도에서 군대를 돌려 개경으로 향했습니다. 이것이 바로 '위화도 회군'이지요. 위화도 회군으로 우왕을 내쫓고 개경을 손에 넣은 이성계는 최영을 감금하고 귀양을 보냈다가 두 달 후 처형하였습니다.

| | |
|---|---|
| 원고 \| 최영 | 대리인 \| 김딴지 변호사 |
| 피고 \| 이성계 | 대리인 \| 이대로 변호사 |

## 청구 내용

　나, 최영은 오직 나라와 백성을 위해 목숨을 아끼지 않고 한평생을 살았습니다. 전쟁터에 나가서는 물러서지 않았고, 백성을 위해 좋은 정치를 하고자 노력했습니다. 그런데 1388년 중원에서 새롭게 부상한 명나라가 원나라에 이어 또다시 고려에 무리한 요구를 해 왔습니다. 자신들이 원나라가 지배하던 쌍성총관부에 철령위를 세워 그 지역을 다스리겠다는 것이었습니다. 원나라의 간섭을 받는 동안 우리 고려는 자주권을 상실했고, 경제적 수탈로 인해 국가 재정이 말이 아니었습니다. 수십만 명에 달하는 고려의 처녀들이 원나라에 공녀로 끌려가기도 했습니다. 그런데 이제 또다시 명나라에 의해 그 같은 수모가 되풀이될지도 모르는 상황이 벌어진 것입니다.

　나는 전철을 밟지 않고 잃어버린 옛 땅을 되찾기 위해서는 우리가 먼저 랴오둥을 공격해야 한다는 결론을 내렸습니다. 그래서 국왕을 비롯한 조정 대신들 모두의 동의를 얻어 랴오둥을 공격하기로 했습니다. 그러나 이성계는 왕명을 받들어 출정하는 척하다가 위화도에서 군사를 되돌려 반란을 일으켰고, 자기들끼리 죽이는 것도 모자라 마음대로 왕을 폐하고 권력을 잡았습니다. 이것은 분명 반역죄에 해당합니다.

나는 이성계를 반역죄로 고소하고 재판을 통해 억울하게 죽은 영혼들의 한을 풀고자 합니다.

그리고 이성계는 내가 죽이기를 좋아하고 살리기를 싫어한다며 잔인한 사람으로 매도했습니다. 그러나 이는 사실이 아닙니다. 전쟁이란 지옥과 같습니다. 전쟁의 지옥에서 벗어나는 길은 오직 승리하는 길뿐입니다. 나는 우리 병사와 그들의 가족 그리고 이 나라를 위해서 단 한 번이라도 패할 수가 없었습니다. 그렇기 때문에 전쟁터에서는 항상 엄한 군령으로 긴장을 늦출 수가 없었던 것뿐입니다. 나는 이 부분에 대해서도 이성계에게 공식적인 사과를 요청하는 바입니다.

---

## 입증 자료

---

- 중학교 역사 교과서
- 고등학교 한국사 교과서
  그 외 자료 추후 제출하겠음.

위 청구인 최영
역사공화국 한국사법정 귀중

# 난세의 두 영웅

1. 최영은 어떤 장군이었을까?
2. 이성계는 어떤 활약을 했을까?
3. 고려 말은 얼마나 혼란했을까?

# 1

## 최영은
## 어떤 장군이었을까?

"이성계가 법정에 선다면서요? 세상 참 많이 변했어요. 안 그래요?"

"그러게 말입니다. 최영 장군이 이성계를 고소했다나 봐요."

"정말요? 이성계가 무슨 죄가 있다고요?"

"글쎄요, 기다려 보면 알게 되겠지요."

한국사법정에 모인 사람들이 서로서로 귓속말을 주고받았다. 불세출의 두 인물에 대한 화제가 꼬리에 꼬리를 물고 계속되었기 때문이다. 어느새 방청객은 최영을 지지하는 쪽과 이성계를 지지하는 쪽으로 의견이 나뉘었다. 배심원들도 마찬가지였다. 검은 법복을 입은 판사가 법정으로 들어서자, 그제야 장내의 소란스럽던 말소리가 줄어들었다.

왜 이성계는 위화도에서 군대를 돌렸을까?

판사    원고 측 변호인, 이번 사건에 대해 말씀해 주세요.

김딴지 변호사    네, 판사님. 오늘 원고 최영은 이성계가 위화도에서 군대를 돌린 위화도 회군이 반역죄에 해당한다며 소송을 제기했습니다. 원고는 한평생 나라를 위해 목숨을 아끼지 않았던 장수 가운데 장수요, 국왕을 도와 고려 말의 혼란을 수습하고자 노력했던 충신 가운데 충신이라 할 수 있습니다. 그러나 피고 이성계는 어떻습니까. 그는 왕명을 받들어 랴오둥 정벌을 떠나는 척하다 몰래 군사를 되돌려 하극상을 일으켰습니다.

적들과 맞서 싸우기에도 힘이 모자란 판에 같은 편끼리 서로 죽고 죽이는 상황을 만들었으니 이 얼마나 한심한 노릇입니까. 그리고 원고를 잡아 가두고 목숨을 빼앗았으며, 마음대로 왕을 강화도에 **유폐**한 후 자신이 왕의 자리에 올랐습니다. 그러고는 **역성혁명**의 정당성을 선전하면서 고려 말의 잘못된 부분만을 지나치게 부각시켰으며, 원고마저 일부 부정부패한 대신들과 같은 부류로 매도했습니다. 그것도 모자라 원고가 죽이기를 좋아하는 잔인한 인물이라는 인신공격도 서슴지 않았습니다.

따라서 원고 최영은 한국사법정에 피고 이성계를 군법을 어긴 죄와 신하로서 왕을 폐위한 반역죄, 그리고 랴오둥 정벌의 모든 책임을 원고에게 전가한 무고죄로 고소하고자 합니다.

김딴지 변호사가 소송 이유에 대해 설명하자 재판정이 술렁이기

**유폐**
아주 외딴 곳에 가두어 두는 것을 말합니다.
**역성혁명**
왕조가 바뀌는 것을 말합니다.

시작했다.

"태조 이성계가 아니었다면 고려는 후삼국 시대처럼 분열했거나, 아니면 명나라에 의해 멸망했을지도 몰라!"

"아니야! 최영의 뜻대로 랴오둥 정벌에 성공했다면 고구려의 옛 땅을 모두 되찾았을 거라고!"

판사    여러분, 조용히 해 주세요! 여기는 엄숙한 재판정입니다.

판사는 두 눈을 부릅뜨고 장내를 둘러보면서 판결 봉을 세차게 두드렸다.

판사    앞으로 또다시 언성을 높이거나 소란을 피우는 사람이 있다면 본 법정을 모독하는 것으로 간주해 추방하도록 하겠습니다.

장내가 숙연해지자 판사가 다시 말을 이었다.

판사    원고와 피고는 워낙 유명해서 모르는 사람이 없을 정도이지만, 배심원 여러분의 표정을 보니 꼭 그렇지만은 않은 것 같습니다. 자, 그럼 본격적인 재판에 앞서 원고와 피고가 어떤 사람인지 알아보는 시간을 갖도록 하겠습니다. 원고 측부터 발언해 주세요.

김딴지 변호사    판사님, 원고가 직접 설명해도 될까요?

판사    좋습니다.

판사의 허락이 떨어지자, 원고석에 가만히 앉아 있던 최영이 자리에서 일어나 자기소개를 시작했다.

**최영**　안녕하십니까, 나는 최영입니다. 이번 재판의 원고이며, 저기 앉아 있는 이성계를 고소한 사람입니다.

　　최영이 말을 하자 그의 우렁찬 목소리가 재판정에 쩌렁쩌렁 울렸다.

**최영**　나는 1316년에 철원 최씨 집안에서 태어났습니다. 어려서부터 병법에 관심이 많아서 하루

최영 장군 영정

가 멀다 하고 전쟁 놀이를 했던 기억이 납니다. 가끔 정자나무 아래를 지날 때면 어르신들이 '이런 죽일 놈들!' 하는 소리를 자주 들었습니다. ▶마을 어르신들의 화젯거리는 대부분 왜구에 대한 것이었습니다. '이번엔 또 어느 마을에 왜구가 들이닥쳐서 곡식과 가축을 모조리 쓸어 가고 젊은 처자들도 데려갔다'는 대화를 듣곤 했습니다. 그럴 때마다 나는 가슴이 답답해지고 알 수 없는 화가 치밀어 오르는 것을 느꼈습니다. 그래서 '우리 마을에 오기만 해 봐라!' 그러면서 왜구를 처부수는 상상을 하면 왠지 모르게 답답한 가슴이 뚫리고 기분이 한

교과서에는

▶ 고려 말 북쪽에서는 홍건적이 침입해 와 공민왕이 복주(지금의 경북 안동)까지 피란하기도 했고, 남쪽에서는 왜구의 노략질이 계속되어 해안 지방이 황폐해졌습니다.

왜 이성계는 위화도에서 군대를 돌렸을까?

결 좋아졌습니다. 전쟁놀이를 하다가 날이 저물어서야 집에 들어가면 아버지께서는 글공부에 전념해서 과거 시험을 치르라고 말씀하셨지만, '붓으로 왜구를 어떻게 무찌를 수 있겠는가!' 하는 생각만 들었습니다. 그래서 나는 힘을 길러 더욱 강해지겠다고 다짐했습니다.

김딴지 변호사    네, 그렇습니다. 원고 최영은 어려서부터 자신의 출세보다는 나라의 앞날을 먼저 걱정하는 사람이었습니다. 아마도 그런 마음이 없었다면 전투가 벌어졌을 때 목숨을 아끼지 않고 용맹하게 앞장서서 싸우지 못했을 것입니다. 여러분, 원고는 우리가 상상할 수조차 없는 참혹하고 잔인한 전투에 수없이 참여했습니다. 생각해 보십시오. 전쟁터는 소중한 생명을 쉽게 앗아 가는 곳입니다. 그가 자신의 출세만을 위해서 그렇게 피비린내 나는 전쟁터로 나섰겠습니까!

최영    맞습니다. 내가 전쟁터에 나선 것은 모두 나라를 위하는 충성심 때문이었습니다.

김딴지 변호사    제가 원고를 대신해 그의 활약을 몇 가지 말씀드리겠습니다. 원고가 참전한 수많은 전투 중에서 특히 주목할 만한 것은 1361년 10월 홍건적의 2차 침입 때 홍건적으로부터 개경을 탈환한 것과 1376년 7월 고려에 침입한 왜구를 물리친 홍산 전투입니다.

판사    그래요? 자세하게 설명해 주세요.

김딴지 변호사    먼저 1361년 원고가 홍건적을 물리친 이야기부터 하겠습니다. 1차 침입에 실패한 홍건적은 10만 대군을 이끌고 고려에 다시 쳐들어왔습니다. 이때 고려는 수도 개경까지 함락되었는데,

더 이상 버틸 수 없었던 공민왕은 개경을 포기하고 복주(오늘날의 안동)까지 피란을 갔습니다. 이때 최영은 여러 장수들과 힘을 모아 빼앗긴 개경을 되찾았지요. 저기 앉아 있는 피고 이성계도 당시 개경에서 최영과 함께 홍건적을 몰아내는 데 힘을 모았습니다.

**판사**　홍건적이 고려의 수도를 함락시킬 정도였다면 오합지졸(烏合之卒)은 아니었겠군요. 홍건적은 어떤 세력이었습니까?

**김딴지 변호사**　홍건적은 원나라 말기에 몽골족의 압제에 시달리던 중국 본토의 한인을 중심으로 일어난 반원 비밀 종교 결사 단체에서 유래되었습니다. '백련교'니 '미륵교'니 하는 것을 영화나 드라마에서 들어 보셨을 것입니다. 홍건적은 자신들끼리 알아보기 위해 붉은 천을 머리에 둘렀습니다. 그래서 세상 사람들은 이들을 '홍건적' 혹은 '홍두적'이라고 불렀지요. 원나라의 입장에서 보면 홍건적은 반란군에 불과했지만, 한때는 세력이 강성해져서 중국의 화북 지역과 화중 지역 일대를 장악하며 황제를 칭하고 국호를 '송'이라 했습니다. 그들이 원나라의 토벌군에 쫓겨 고려에 침입하게 된 것입니다. 최영과 같은 명장이 없었다면 고려는 또다시 이민족의 말발굽 아래에 짓밟히는 치욕을 겪어야 했을 것입니다.

**판사**　원고께서 대단한 일을 해내셨군요.

**최영**　에헴, 별말씀을요.

**김딴지 변호사**　다음으로 1376년 7월에 원고가 왜구를 물리친 이야기를 해 드리겠습니다. ▶왜구는 고려 말에서

교과서에는

▶ 고려 말 왜구의 침입으로
조세의 해상 운송이 어려워
지자 국가의 재정이 궁핍해
졌고, 해안에서 멀리 떨어진
내륙 지역까지 큰 피해를 입
게 되었습니다.

조선 초에 걸쳐 우리나라와 중국 연안을 주 무대로 삼아 약탈과 인신매매를 일삼던 일본인 해적 집단입니다. 이들은 주로 해안 지방을 중심으로 조세 저장 창고와 조곡 운반선을 약탈했지요. 그러다가 차츰 세력이 불어나자 고려의 내륙 지방은 물론 개경 근처까지 출몰하여 만행을 저질렀습니다. 오죽했으면 수도를 철원으로 옮겨야 한다는 주장까지 나왔겠습니까.

그런데 여러분, 왜구가 얼마나 자주 고려에 침입했는지 아십니까? 수치상으로 볼 때, 홍건적의 침입은 두 차례에 불과했지만 왜구의 침입은 1350년부터 1391년까지 기록에 나타나는 것만 해도 무려 506회에 달합니다. 한 해 평균 12회 이상이었다는 말인데, 이 수치는 왜구의 침탈이 얼마나 극심했는지를 잘 보여 줍니다. 특히 1377년(우왕 3)에는 한 해에 무려 52회의 침입이 있었다고 하니, 매달 4회 이상이었다는 얘기가 됩니다.

**판사**     그런데 왜구는 왜 그렇게 자주 고려에 침입했을까요?

**김딴지 변호사**     네, 좋은 지적을 해 주셨습니다. 이는 크게 두 가지 이유로 요약해 볼 수 있습니다. 먼저 일본 내의 정치 상황 때문입니다. 당시 일본은 안정된 통일 정권을 수립하지 못하고 분열과 혼란이 거듭되는 남북조 시기였습니다. 남북조의 전쟁과 내분은 백성들의 삶을 힘들게 만들었고, 이 때문에 무사 집단과 유민들이 해적질을 하며 생계를 유지하게 된 것이지요.

다음으로 고려의 군사력이 약했기 때문입니다. 고려의 정규군은 원나라의 간섭을 받는 동안 유명무실해졌고, 군사 체제도 거의 붕괴

**양광도**
고려 시대에 오늘날의 경기도와 충청도 지역에 두었던 행정 구역입니다. 1314년에 제정했다가 1356년에 충청도로 고쳤습니다.

**원수**
전쟁 시에 군사를 통솔하던 장수를 말합니다.

**분전**
있는 힘을 다해 싸우는 것을 말합니다.

되었습니다. 왜구의 입장에서 보면, 재물과 곡식을 약탈하기에 이보다 더 좋은 기회는 없었던 것이지요.

김딴지 변호사는 잠시 말을 멈추고 목을 가다듬기 위해 헛기침을 몇 번 했다. 방청객들은 그의 표정과 손짓 하나하나에 시선을 고정했다.

**김딴지 변호사**　　1376년 7월, 왜구는 고려의 내륙 지방 깊숙이 침입했습니다. 공주 지역이 함락되었고, 양광도의 원수(元帥)였던 박인계마저 전사했지요. 이때 원고는 예순한 살의 고령임에도 불구하고 전쟁터에 나섰습니다. 왜구는 삼면이 절벽인 요새에 진을 치고 고려군을 기다리고 있었습니다. 단순한 해적 집단이라고 하기엔 규모가 크고 잔인했기 때문에 일반 병사들은 물론이거니와 장수들도 겁을 먹고 있었습니다. 그러나 최영은 부하 장수들과 병사들을 독려하고는 자신이 먼저 빗발치는 화살을 뚫고 적진으로 돌격했습니다. 그때 화살 하나가 최영의 입술에 꽂혀 피가 철철 흘렀지만 그는 아랑곳하지 않고 오히려 활을 쏘아 자신을 쏜 왜구를 쓰러뜨렸습니다. 그러고는 그 자리에서 입술에 꽂힌 화살을 뽑아 버리고 다시 싸웠습니다. 최고 지휘관의 모습에 감탄한 부하 장수들과 병사들은 물러서지 않고 죽을힘을 다해 싸웠습니다. 이처럼 고려는 최영의 분전에 힘입어 왜구를 모두 물리칠 수 있었습니다. 이 빛나는 전투를 홍산 대첩이라고 부르지요.

홍산대첩

홍산 대첩비

"최 장군님, 만세!"

"왜 무당들이 '최 장군님! 최 장군님!' 하는지 이제야 알겠네."

김딴지 변호사는 방청석에서 흘러나오는 환호를 듣고는 비장한 어투로 다시 말을 이었다.

**김딴지 변호사** 여러분, 원고는 한 인간이 평생을 다 바쳐도 이루지 못할 큰 전공을 이루어 냈습니다. 그가 자신의 목숨을 돌보지 않고 전쟁터에 뛰어든 까닭이 무엇이었겠습니까! 그것은 오로지 외적으로부터 이 나라를 지키고 백성을 보호하고자 했던 애절한 충성심 때문이 아니겠습니까! 최영이야말로 이 시대가 배출한 가장 위대한 충신입니다.

"짝, 짝, 짝!"

김딴지 변호사의 말이 끝나자마자 이대로 변호사가 짧게 박수 세 번을 끊어 치며 자리에서 일어났다.

**이대로 변호사** 원고와 김딴지 변호사님의 말은 나도 인정합니다. 그러나 원고 측은 몇 가지 중대한 사실을 의도적으로 빠뜨리고 최영만이 진정한 장수요, 영웅이라는 식으로 말하고 있습니다. 이는 자칫 고려 말의 장수다운 장수는 최영밖에 없었다는 오해를 갖게 할 소지가 있습니다.

**김딴지 변호사**　　저는 사실을 있는 그대로 말씀드린 것뿐입니다.

　김딴지 변호사는 벌떡 일어서고 싶은 마음을 간신히 억누르며 이 대로 변호사를 매서운 눈빛으로 쳐다보았다.

# 2

# 이성계는
# 어떤 활약을 했을까?

판사    자, 그럼 이번에는 피고 측의 변론을 들어 보겠습니다.

**이대로 변호사**    전쟁이란 장수 혼자서 하는 것이 아닙니다. 물론 장수의 역할이 무엇보다 중요한 것은 사실입니다만, 전투에서 목숨을 바친 이름 없는 병사들도 모두 영웅이라는 생각을 가져야 합니다. 그리고 지금 이 자리에 어처구니없게 고소를 당해 피고의 자격으로 나와 있는 이성계 또한 최영 못지않은 뛰어난 장수였다는 사실도 잊어서는 안 됩니다. 판사님, 반론에 앞서 제가 피고를 대신해 그의 내력을 간략히 설명해도 되겠습니까?

판사    그렇게 하세요.

**이대로 변호사**    네, 감사합니다. 피고 이성계는 1335년 아버지 이자춘과 어머니 최씨 사이에서 태어났습니다. 원고와 동시대를 살았다고는 하나 최영보다는 무려 열아홉 살이나 어리지요. 피고는 어려서부터 활을 잘 쏘았습니다. 피고가 어렸을 적에 있었던 일입니다. 활시위를 만지작거리는 피고에게 서모 김씨가 담장 위에 있는 까마귀를 맞혀 보라고 농담 삼아 말했습니다. 그런데 어떤 일이 벌어졌을까요? 네, 어린 피고가 당긴 화살에 까마귀 다섯 마

충청남도 금산군에 있는 이성계 태실

리가 꿰여 떨어졌습니다. 소년의 비범한 무예에 화들짝 놀란 서모는 이 일을 말하지 말고 행동거지를 조심하라고 당부했습니다.

**판사**　　과연 고구려를 세운 주몽의 후예답네요. 하하.

**이대로 변호사**　　이렇게 신기에 가까운 이성계의 활 솜씨는 수많은 전투에서 유감없이 발휘되었습니다. 피고는 병사들의 사기를 북돋아 주기 위해 자신의 활 솜씨로 승패를 점쳐 보곤 했습니다. 이를테면 백 보 이상의 거리에 있는 투구나 날아가는 새 따위를 표적으로 정해 놓고 '저것을 맞추면 이번 전투는 우리가 승리한다'라는 식으로 병사들의 사기를 높이는 것입니다. 활시위를 떠난 화살이 움직이는 표적에 백발백중하면 군사들은 함성을 질렀고, 그 전투는 반드시 승리했습니다. 피고는 병사들에게 온갖 살상 무기가 난무하는 전쟁터에서 반드시 이길 것이라는 믿음을 심어 주었던 것이지요.

**김딴지 변호사**　　아, 그랬나요? 그런데 문제는 적군을 겨냥했어야 할 그 화살이 1388년에는 아군을 겨냥했다는 것이겠지요.

　　김딴지 변호사의 비아냥거리는 말에 재판정은 일순간 찬물을 끼얹은 듯 조용해졌다.

판사　　김딴지 변호사, 발언권을 요청하고 말씀해 주시기 바랍니다. 이후로는 이의 신청이나 발언권 요청 없이 재판에 끼어드는 것을 허락하지 않겠습니다. 이대로 변호사, 계속해 주세요.

**이대로 변호사**　　흠흠, 피고의 신기에 가까운 활 솜씨는 이성계와 대적해야 하는 적장들에게 커다란 부담이 아닐 수 없었습니다. 생각해 보세요. 과거의 전쟁은 현대와 같이 최첨단 무기를 사용하는 원거리전이 아닙니다. 창과 칼을 휘두르는 근접전이 대부분이었습니다. 그러니 멀리서도 적을 사살할 수 있는 활 솜씨가 얼마나 적을 두렵게 했겠습니까? 만약 적장이라도 쓰러뜨린다면 그 밑에 있는 군사들은 길 잃은 양 떼처럼 우왕좌왕할 것이고 그럼 전쟁의 승기는 고려 쪽으로 넘어오게 되지요.

**나하추**
중국 원나라와 명나라 때의 무장입니다. 1362년에 고려를 침입했으나, 이성계에게 패하고 화친을 맺었습니다.

**잔당**
쳐 없애고 남아 있는 무리를 부정적으로 이르는 말입니다.

판사     그렇군요. 이 변호사, 피고의 활약이 얼마나 대단했는지 더 자세히 말해 주겠습니까?

이대로 변호사     1362년 여름에 있었던 일입니다. 원나라의 장수 나하추가 홍건적의 잔당을 거느리고 고려를 침략한 적이 있었습니다. 이성계는 화살로 적장을 사살하여 아군을 승리로 이끌었지요. 이때 나하추는 "예전에 이자춘이 나에게 무예 실력이 뛰어난 아들이 있다고 했는데 과연 거짓말이 아니었구나"라는 말을 남기고 돌아갔습니다.

판사     아, 그랬군요.

이대로 변호사     그리고 또 황산에서 벌어진 전투는 그전의 왜전과는 다른 대규모 전투였습니다. 1380년, 왜구는 500여 척에 달하는 선박을 이끌고 서해안에 상륙하여 약탈을 자행했습니다. 이때 고려는 최무선이 발명한 화약 무기를 장착하여 100여 척의 해군으로 왜선 500여 척을 대부분 격퇴하고 침몰시켰습니다. 퇴로가 막힌 왜구들은 닥치는 대로 약탈과 방화를 일삼고 양민을 학살하는 만행을 저질렀습니다. 당시 이성계는 삼도도순찰사가 되어 왜구 토벌의 총지

위용
위엄 있고 용감한 기세나 모습을
일컫습니다.

이지란
조선 왕조의 개국 공신입니다. 본
래 여진 사람으로 공민왕 때에 자
신의 가족과 부하들을 데리고 고
려에 귀화하여 고려인이 되었습니
다. 그는 이성계를 섬겨 휘하의 장
수가 되었고, 그와 함께 수많은 전
투에 참전하여 많은 공을 세웠습
니다.

휘관으로 출정했습니다. 남원에서 배극렴의 군대와 합세
한 그는 황산에서 적의 선봉대와 마주치게 되었습니다. 정
규군을 압도하는 500여 척의 선박과 기병대를 갖춘 왜구
를 단순한 해적 집단으로만 보기는 어려웠습니다. 이성계
는 적의 사기를 꺾기 위해 수많은 화살을 날렸지만 적의
기세는 쉽게 꺾이지 않았습니다. 왜구에게도 용맹한 장수
가 있었기 때문입니다. 앳되어 보이는 어린 장수였지만 백
마를 타고 장창을 휘두르며 아군을 마구 짓밟고 있었습니
다. 우리 군사들도 적장의 **위용**에 움찔하여 나서는 자가
없었습니다. 게다가 적장은 온몸에 갑옷을 두르고 있어서 활을 쏘아
도 타격을 입힐 수가 없었지요. 이성계는 마음을 가다듬고 **이지란**과
동시에 적장의 투구를 겨냥했습니다. '쉬이익', '쉬이익' 약간의 간격
을 두고 두 발의 화살이 날아갔습니다. 이성계가 쏜 화살이 적장 투
구의 윗부분에 명중하자 투구가 튕겨져 나갔고, 그 순간 이지란의
화살이 적장을 쓰러뜨렸습니다. 참으로 손에 땀을 쥐게 하는 숨 막
히는 장면이 아닐 수 없습니다. 적장이 쓰러지자 기세가 역전되어
적들은 뿔뿔이 흩어졌고 고려는 대승을 거둘 수 있었습니다. 그 적
장은 바로 아지발도였습니다. 이 전투에서 고려는 1천 600여 필의
말을 빼앗았으며, 살아남은 왜구는 70여 명에 불과했습니다. 고려가
왜구와의 전투 중 유일무이하게 대승을 거둔 이 전투를 우리는 황산
대첩이라고 부르고 있습니다.

이대로 변호사가 말을 마치자 재판정에 한두 명의 박수 소리가 울렸다. 피고석에 앉은 이성계가 천천히 뒤를 돌아보자 박수 소리가 더욱 커졌다. 법정 경위들이 조용히 하라는 손짓을 했지만 소용없었다.

그때 최영이 일어나서 박수를 쳤다. 그러자 이성계가 자리에서 일어나더니 최영에게 고개를 숙였다. 그 광경을 지켜본 모두가 박수를 쳤다. 박수 소리가 잦아들자 판사는 판결 봉을 두드리고는 손짓으로 원고와 피고 측 변호인을 불러들였다.

판사 　 지금까지 수많은 재판을 겪어 봤지만 이런 경우는 처음입니다.

**이대로 변호사, 김딴지 변호사** 　 네, 저희도…….

판사 　 오늘 재판에서 증인 출석을 요청하신 분이 있으신가요?

**김딴지 변호사** 　 우왕이 증인석에서 기다리고 있습니다.

**이대로 변호사** 　 저희는 이인임을 증인으로 요청할 것입니다.

판사 　 알겠습니다. 양측 변호인, 각자 자리로 돌아가세요.

두 변호사가 자리로 돌아가자 판사는 방청석과 배심원을 쳐다보면서 말했다.

판사 　 여러분, 우리는 지금까지 고려 말 국가의 위기 상황에서 극적으로 나라를 구해 낸 두 영웅에 대해 살펴보았습니다. 배심원들에

게도 많은 참고가 되었으리라 생각합니다. 본격적으로 원
고 측의 증인 신문에 앞서 피고에게 발언권을 드리면 어떨
까요? 방금 원고에게 박수까지 받으셨는데…….

이성계가 천천히 자리에서 일어나 최영을 향해 눈인사
를 보냈다. 최영은 덤덤한 표정으로 지그시 눈을 감았다. 최영에게
이성계는 자신을 죽인 원수였지만, 함께 전쟁터를 누빈 동지였다.
사실 최영은 이성계가 황산 대첩의 쾌거를 이뤄 냈을 때에도 그를
두고 '나라의 **주석(柱石)**'이라고 극찬한 적이 있었다.

이성계　　나는 어려서부터 최 장군을 존경해 왔습니다. 장군께서는
고려를 위협하는 그 어떤 적도 용납하지 않았고, 가는 곳마다 물리
쳤습니다. 그가 전해 준 승전보는 하루 한 끼로 연명하기조차 어려
웠던 백성들에게 유일한 희망이었습니다. 나 또한 어려서부터 최 장
군과 같은 훌륭한 장수가 되리라 다짐하면서 무예 연마에 매진했으
니까요. 그런 내가 어느덧 장성해 전쟁터에 나가게 되었습니다. 창
칼이 부딪치고 비명 소리가 끊이지 않는 전쟁터는 그야말로 생지옥
이었습니다.

이성계는 눈을 감았다가 고개를 좌우로 살짝 흔들었다. 전쟁의 참
혹한 장면들이 영화의 한 장면처럼 지나갔기 때문이었다.

**위정자**
정치를 하는 사람을 말합니다.

**이성계**    처음에는 이길 수 있다는 자신감 하나로 싸웠습니다. 아무도 나를 꺾을 수 없다는 자신감이 승리의 원동력이었지요. 그러나 수백 번의 전투를 치르면서 이 전쟁은 영원히 끝나지 않을 것이라는 생각이 들었습니다. '나도 언젠가는 여기서 죽게 될 것이다'라는 너무도 당연한 생각들이 나를 괴롭혔습니다. 그럴 때마다 부모님과 자식들 그리고 부하들과 그들의 가족을 떠올리면서 '장수로서 전쟁터에서 죽는 것처럼 영광스런 일이 또 어디 있겠는가' 하는 생각으로 나약한 마음을 지워 버렸습니다. 그런데 나이가 들면서 기력도 약해지고 손끝이 떨리기 시작했습니다. 활시위를 당겨야 하는데 이 손이……

**이대로 변호사**    판사님, 제가 말씀드리겠습니다.

**이성계**    아닙니다. 수많은 전투를 겪으면서 나는 전쟁에 대해 회의를 느꼈습니다. 죽음을 무릅쓰고 멀리서 벌 떼처럼 달려드는 적군을 바라보면서, 두 눈을 감지도 못한 채 싸늘한 주검이 되어 버린 부하들을 보면서, 나는 하루빨리 이 전쟁을 끝내야겠다고 다짐했습니다. 대체 우리는 누구를 위해서 싸워야 합니까? 백성들은 도처에서 배고픔을 이겨 내지 못해 죽어 가고 있는데, **위정자**들은 자기 뱃속을 채우는 데에만 급급했습니다. 백성들의 토지를 빼앗거나 양민을 자신의 노비로 만드는 일을 서슴지 않았지요. 위정자들이 적보다 더 나쁘지 않습니까? 살인자가 사람을 죽여 놓고 내가 죽인 것이 아니라 저 칼이 죽였다고 말하는 것과 백성들이 굶어 죽어 가고 있는데 내 탓이 아니라 외적들과 가뭄 탓이라고 말하는 것이 무엇이 다르겠

습니까? 우리는 백성을 외면하는 임금과 조정 대신들의 재산을 지키기 위해 목숨을 걸고 싸워야 한단 말입니까? 장수든 학자든 간에 제 한 몸 살리기에만 급급한 소인배가 아니라면 이러한 현실에 대해 올바른 신념을 가져야 합니다. 나는 이 전쟁을 끝내고 백성들을 도탄에서 구하려면 무엇보다도 개혁이 절실하다고 믿었습니다. 전쟁은 외교적인 협상으로도 얼마든지 밀고 당기기를 할 수 있습니다. 그러나 목숨은 누구나 하나밖에 없는 것입니다.

**김딴지 변호사**　　판사님, 이의 있습니다.

**판사**　　네, 원고 측 변호인 말씀하세요.

**이해득실**
이로움과 해로움 그리고 얻음과
잃음을 아울러 이르는 말입니다.

**숙청**
자기 의견에 반대하는 자들을 처단
하거나 제거하는 것을 말합니다.

**김딴지 변호사**　　피고는 지금 자신이 저지른 잘못을 교묘하게 정당화하고 있습니다. 피고가 전쟁에 염증과 회의를 느꼈다고 해서 그것이 반역을 저질러야만 하는 정당한 이유가 되지는 않습니다. 또한 장수로서 전쟁에 대해 염증과 회의를 느꼈다면 갑옷을 벗으면 그만이지, 피고가 무슨 권리로 정치의 **이해득실**(利害得失)을 심판할 수 있단 말입니까?

**이성계**　　그, 그건…….

**김딴지 변호사**　　그럼 피고에게 묻겠습니다. 피고는 지금 두 가지 이유에서 자신이 저지른 하극상을 실토하고 있습니다. 첫째는 전쟁에 대해 염증과 회의를 느꼈기 때문이며, 둘째는 대신들의 부정부패를 개혁하기 위해 저지른 것이라고 증언했는데, 맞습니까?

**이성계**　　내가 회의를 느꼈다고 한 것은 장수로서 죽음이 두려웠기 때문이 아니라 수많은 젊은이들이 전쟁터에서 죽어야만 하는 현실이 안타까웠기 때문입니다. 민생을 돌보기보다는 백성들의 고혈을 짜내는 데 혈안이 된 조정은 이미 회복이 불가능한 상태라고 판단했습니다. 물론 내가 꼭 개혁을 주도해야겠다는 의무감이 있었던 것은 아닙니다. 다만 부정부패를 척결하고 개혁을 실천하기 위해서라면 어떠한 희생도 무릅쓸 각오가 되어 있었습니다.

**김딴지 변호사**　　피고가 말하는 희생이란 정확하게 말하자면 정권 교체에 따른 반대파의 **숙청**을 의미하는 것이지요?

**이대로 변호사**　　판사님, 이의 있습니다. 피고는 개인적인 신념을 말하고 있습니다. 누구나 자신의 신념을 솔직하게 말할 권리가 있습니다. 하지만 지금 원고 측에서는 결과론적인 시각에서 아무런 증거도 없이 피고의 신념을 정권 장악의 수단으로 치부하고 있습니다.

**판사**  받아들입니다. 원고 측은 사실과 증거를 바탕으로 질문해 주시기 바랍니다.

**이대로 변호사**  존경하는 판사님, 그리고 배심원 여러분, 피고가 말한 바와 같이 고려 말의 정치 상황은 이미 회복이 불가능한 상태였습니다. 고려의 미래를 걱정하는 사대부라면 누구나 피고와 같은 생각을 가지고 있었습니다. 당시 지배층의 부패가 얼마나 심했는지 대표적인 권문세족이었던 이인임을 증인으로 요청하겠습니다.

# 3

## 고려 말은
## 얼마나 혼란했을까?

판사      허락합니다. 증인 이인임은 증인석으로 나와서 선서해 주십시오.

     이인임이 증인석으로 걸어 나오자 김딴지 변호사의 얼굴에는 놀란 기색이 역력했다. 이인임이 피고 측 증인으로 나서리라고는 미처 예상하지 못했기 때문이다.

이인임      선서! 나, 이인임은 진실만을 말할 것을 맹세합니다.

이대로 변호사      존경하는 판사님, 그리고 배심원 여러분, 증인 신문에 들어가기에 앞서 한 가지 당부의 말씀을 드려야겠습니다. 이 자리에 증인으로 출석한 이인임은 고려 말의 대표적인 권문세족으로 그 위세가 왕권을 능가할 정도였습니다. 증인은 역사와 민족 앞에 자신이 저지른 죄를 조금이라도 속죄하고자 이렇게 피고 측 증인으로 나오게 되었습니다. 증인이 이 자리에 나온다는 것은 결코 쉬운 결정이 아니었습니다. 이 점을 감안해 주셨으면 합니다.

영문을 모르는 방청객들은 '별일도 다 있네' 하며, 어떤 증언을 할지 궁금한 눈빛으로 증인을 훑어보았다.

**판사** 알겠습니다. 계속하세요.

**이대로 변호사** 증인, 먼저 간단하게 자기소개를 해 주세요. 불편하시면 제가 대신 설명할 수도 있습니다만…….

이인임이 귀찮다는 듯 손을 휘젓자 이대로 변호사가 겸연쩍은 표정으로 말을 이었다.

**이대로 변호사** 여러분께서는 증인으로 나온 이인임에 대해 잘 모르실 겁니다. 그는 원 간섭기에 세 명의 왕을 보필한 이조년의 손자입니다. 이조년은 매사에 치밀하고 불의를 보면 참지 못하는 의지가 굳센 사람이었습니다. 그리하여 책임을 맡으면 언제나 공적과 명성이 뒤따랐지요. 몇 가지 사례를 말씀드리자면, 충숙왕이 원나라에 5년 동안 억류되어 있었을 때 이조년은 홀로 원나라에 가서 충숙왕의 무죄를 주장했고, 충혜왕이 원나라에 불려갔을 때에도 왕을 수

행하여 목숨을 걸고 충혜왕을 변호했습니다. 그때 사람들은 담이 몸보다 큰 사람은 이조년뿐이라고 칭송했지요. 또한 그는 왕의 잘못을 보면 그 자리에서 직언을 서슴지 않았습니다. 이와 같은 대쪽 같은 성격 때문에 왕도 그를 함부로 대하지 못했지요. 이조년이야말로 왕의 잘못된 행실을 바로잡을 수 있었던 유일한 호랑이 신하였던 것입니다. 대단하지 않습니까? 더욱 놀라운 사실은 이조년이 왕을 알현하기 위해 궁에 들어갈 때면 왕은 멀리서 들려오는 그의 발소리만 듣고도 "아, 이조년이 온다"라고 말하고는 주변을 물리치고 단정한 자세로 맞이했다는 것입니다.

판사    정말 대단하군요.

**이대로 변호사**    네, 그렇습니다. 제가 지금 증인이 아닌 그의 조부에 대해 말씀드린 것은 이처럼 훌륭한 선조의 음덕으로 증인이 어렵지 않게 조정에 발을 들여놓을 수 있었기 때문입니다. 그러나 증인은 이조년과는 정반대의 삶을 살았습니다. 조부의 음덕으로 관직에 진출한 증인은 재상의 자리까지 올랐으나 온갖 비리와 부정부패에 얽혀 대간의 상소가 잇따랐고, 양심 있는 지식인들은 그의 죄상을 공론화하고 성토했습니다.

김딴지 변호사    이의 있습니다. 지금 이 자리는 증인의 죄상을 밝히는 자리가 아닙니다.

판사    받아들입니다. 피고 측은 증인의 입장을 고려해서 본론으로 넘어가시기 바랍니다.

**이대로 변호사**    그래서 제가 미리 양해의 말씀을 부탁드렸던 것인데……. 알겠습니다. 여러분께서도 아시다시피 당시 고려는 잦은 전쟁으로 인해 국력이 다 소진되고 민생고는 말로 표현하기도 어려울 만큼 처참했습니다. 이런 상황에서 위정자들은 어떻게 해야 하겠습니까? 백성이 없으면 왕도 없고, 나라도 없습니다. 너무나 당연한 말 같지만 그때 고려는 왕과 조정 대신만 있을 뿐 백성은 안중에도 없었습니다. 판사님, 증인에게 일일이 사실 관계를 확인하지 않고 제가 그 실상을 간단히 설명해도 되겠습니까?

**판사** 네, 계속하세요.

**이대로 변호사** 감사합니다. 증인은 1374년, 열 살에 불과했던 우왕을 추대하면서 정치권력을 장악했습니다. 그는 조부처럼 국왕이 올바른 정치를 할 수 있도록 직언으로 보필하기는커녕 비행을 부추겼고, 자신을 탄핵하는 반대파를 모조리 숙청했습니다. 그리하여 당시 송사는 물론이거니와 대간의 탄핵과 법관의 판결도 미리 이인임에게 보고한 후에야 비로소 가능했습니다. 그는 자신과 친분이 있거나 뇌물을 많이 바친 사람들에게 관직을 주었으며, 뇌물을 받기 위해 없는 관직도 만들었습니다. 오죽했으면 당시 사람들이 "모든 재상과 장수는 그의 집안에서 나왔다"라고 말했겠습니까? 그뿐만이 아닙니다. 오랜 기간 이들이 국정을 마음대로 휘두르면서 정치 기강은 문란해졌고, 국가 경제는 파탄에 이르렀습니다. ▶무엇보다 심각한 문제는 증인을 비롯한 임견미, 염흥방 등의 권문세족이 함부로 힘없

**송사**
백성끼리 다툼이 있을 때 관청에서 잘잘못을 따지는 일입니다.

**교과서에는**

▶ 원나라와의 관계를 통해 성장한 권문세족은 왕의 측근 세력과 함께 권력을 잡고 그 힘을 이용해 농장을 확대하고 양민을 억압하여 노비로 삼는 등 사회 모순을 심화시켰습니다.

는 백성의 토지를 빼앗고 양민을 노비로 만들어서 백성의 원성이 자자했는데도 아무도 그 소리에 귀를 기울이지 않았다는 것입니다.

**판사**　증인, 이 모든 말이 사실입니까?

**이인임**　네, 지나고 보니 내 잘못이 많았던 것 같습니다. 선조들에게도 죄송하고요. 나도 처음에는 뇌물 같은 것은 거절했습니다만,

내가 싫다고 하는데도 사람들이 재물을 싸 들고 와서 자꾸 부탁하는데 마음이 약해지더군요. 거절하는 것도 한두 번이지요. 내 잘못이 큽니다만, 뇌물을 준 사람들은 뭐라 하지 않고, 받은 나만 나쁜 놈이라 하는 것도 문제라고 봅니다. 다른 분들도 그 자리에 있었으면 나랑 비슷했을 거예요.

**이대로 변호사**　　증인은 아직도 진정으로 뉘우치지 않고 있습니다. 그러나 사실은 인정하고 있군요.


참다못한 방청객의 야유가 여기저기서 쏟아졌다.

"에이, 이런 나쁜 놈! 그러니 나라 꼴이 말이 아니었지."

"정말 그랬을까?"

"신진 사대부들은 대체 뭐했대?"

방청객의 싸늘한 반응에 김딴지 변호사는 분위기 반전을 위해 원고 측 증인을 요청할 기회를 엿보았다. 판사가 고개를 들고 좌우를 한번 둘러보자 소란스러운 분위기는 금세 가라앉았다.


**이대로 변호사**　　여러분, 원고 측에서 이의를 제기하거나 증거 자료를 요청하지 않는 것이 이상하지 않습니까? 이것은 다 인정한다는 뜻이겠지요.


방청객들은 모두 궁금했지만 판사의 권위에 눌려 더 이상 아무 말도 못했다. 이대로 변호사는 원고 측을 힐끗 살펴보더니 다시 입을

**겸병**
둘 이상의 것을 하나로 합쳐 가지는 것을 말합니다.

**묘**
논밭의 넓이를 재는 단위입니다. 1묘는 30평으로, 99.174m² 에 해당합니다.

**이대로 변호사**　여러분, 당시 증거 자료가 너무 많아서 제가 일일이 다 소개해 드릴 수는 없고, 하나의 예만 보여 드리겠습니다. 이 글은 1388년 7월에 대사헌 조준이 올린 글인데, 제가 한번 읽어 보겠습니다.

　요즘 들어 토지를 **겸병**함이 더욱 심하여 간악한 무리들이 (차지한 땅은) 한 주를 넘어 군마저 포함하고, 산천의 경계를 표식으로 삼아 그 땅을 가리켜 조상 대대로 물려받은 땅이라 우기고, 서로 내쫓고 강제로 빼앗으니 1**묘(畝)**의 주인이 대여섯 명을 넘기고, 한 해의 세금을 여덟, 아홉 번씩 거두고 있습니다.

ㅡ『고려사』

이대로 변호사는 단호한 어조로 또박또박 읽은 후 고개를 들어 한숨을 내쉬었다.

**이대로 변호사**　여러분들의 이해를 돕기 위해 덧붙이자면 당시 한 주의 행정 구역은 지금으로 따지면 한 개 이상의 지방 자치 단체에 해당합니다. 저도 관련 자료를 조사하면서 비통한 마음을 견디기 어려웠습니다만, 한 개인 또는 소수의 특정 세력이 요즘의 시, 군에 해당하는 면적의 토지를 소유하고 있었다고 생각해 보세요. 그것도 산과 하천을 경계로 제멋대로 백성의 토지를 빼앗았으니 거기에 살고 있는 힘없는 백성의 삶이 얼마나 고달팠겠습니까?

이대로 변호사가 말을 마치자 재판정에 무거운 침묵이 흘렀다. 소수의 지배 계층이 국가 권력을 쥐고, 백성들의 토지를 빼앗았다는 말에 할 말을 잃었다. 김딴지 변호사가 자리에서 일어나려고 하자 이대로 변호사가 재빨리 말을 이었다.

**이대로 변호사**     존경하는 판사님, 그리고 배심원 여러분, 이러한 상황에서 저는 원고에게 질문을 던지지 않을 수 없습니다. 원고에게 묻겠습니다. 원고라면 이런 상황을 바꿔야 한다고 생각하십니까, 아니면 그대로 유지해야 한다고 생각하십니까? 다시 말해 개혁을 해야 합니까, 아니면 개혁을 하지 말아야 합니까?

**김딴지 변호사**     이의 있습니다. 피고 측에서는 원고가 피고와 정치적 갈등 관계에 있었다는 이유만으로 개혁을 반대한 인물로 몰아세우고 있습니다. 또한 피고 측에서 제시한 증거 자료도 피고와 함께 반역을 주도했던 신진 사대부의 일방적인 견해이므로 신빙성이 없습니다.

**판사**     원고 측의 요청에 일리가 있기는 하지만 크게 문제되지 않는다고 판단됩니다. 증거의 신빙성 문제는 추후에 배심원과 다시 검토할 것입니다. 원고는 신중하게 답변하세요.

**최영**     바꿔야 한다고 생각합니다.

**이대로 변호사** 　 이상입니다.

　방청석에서 탄성이 흘러나왔다. 최영의 대답은 피고의 행위에 대한 정당성을 인정한 것이나 다름없었기 때문이었다.

**김딴지 변호사** 　 방금 원고의 대답처럼 잘못된 것이 있으면 바로잡아야 하는 것은 당연합니다. 하지만 그렇다고 해서 피고처럼 하극상을 해야만 하는 것은 아닙니다. 하극상이라는 극단적인 방법 이외에도 잘못을 바로잡을 수 있는 다른 방법은 얼마든지 있으니까요.

**판사** 　 잠깐만요, 증인에게 반대 신문 있습니까?

**김딴지 변호사** 　 없습니다.

**판사** 　 원고 측에서 증인에 대한 반대 신문이 없다면 반론은 다음 재판으로 넘기도록 하겠습니다. 이번 재판은 여러모로 상당히 민감한 문제라고 할 수 있습니다. 양쪽 입장 차이에 따라 현실을 바라보는 관점과 평가가 크게 엇갈릴 수 있기 때문입니다. 오늘 재판에서 우리는 양측의 분명한 입장을 들을 수 있었고, 무엇보다 배심원들께서 두 인물을 이해하는 데 많은 도움이 되셨으리라 생각됩니다. 그러면 이상으로 첫 번째 재판을 마치도록 하겠습니다.

　땅, 땅, 땅!

**다알지 기자**

　　시청자 여러분, 안녕하세요. 저는 법정 뉴
스의 다알지 기자입니다. 오늘 한국사법정에서
는 최영 대 이성계의 재판이 열렸는데요. 저는 지금
1차 재판이 열리는 현장에 나와 있습니다. 오늘 재판에서는 홍건적과
왜구의 잇따른 침입으로 어려운 상황에 처해 있던 고려 말의 상황과
훌륭한 활약을 보여 준 최영과 이성계에 대해서 자세히 살펴보았습니
다. 재판 도중 원고 최영이 피고 이성계에게 박수를 칠 때는 저뿐만 아
니라 모두가 깜짝 놀라기도 했습니다. 마치 한 편의 감동적인 드라마
를 보는 것 같았어요. 그럼 이쯤에서 양측 변호사를 만나 직접 이야기
를 나눠 보도록 하겠습니다.

**김딴지 변호사**

　　오늘 재판은 최영 장군이 워낙 대쪽 같고 정직한 분이시라 자꾸 상대측의 유도 신문에 답변을 하는 바람에 약간 밀리는 감이 있었습니다. 앞으로 조금 더 신경을 써야겠어요. 오늘 재판에서 시간 관계상 못다 한 말 한마디만 덧붙이겠습니다. 고려 말 혼란스러웠던 상황은 역사적으로 볼 때 중국이나 일본 등지에도 있었습니다. 왕권이 약해지면 상대적으로 환관이나 외척 세력들이 정권을 독점하여 부정부패가 판을 치기 마련이지요. 다시 말해 고려만의 특수한 상황은 아니었다는 것입니다. 그리고 무인이 정치 무대에 등장해서 칼날의 잣대로 옳고 그름을 가리는 것이 과연 옳은 일일까요? 이성계의 행동은 고려에 대한 반역 행위가 아닌지 묻고 싶군요.

**이대로 변호사**

　저는 오늘 이 재판을 위해 원고의 습관이
나 성격까지 철저히 조사했습니다. 그래서 원고
가 피고 측 증인이 아닌가 하는 생각마저 들도록 유
도 신문을 했지요. 하하. 아, 조금 전 김딴지 변호사의 인터뷰를 얼핏
들었는데, 저도 몇 마디만 덧붙이겠습니다. 당시 고려는 회생이 불가
능한 상태였습니다. 있는 사람들은 더 높은 자리로 나가기 위해 권문
세족에게 뇌물을 바쳤습니다. 그런데 그 뇌물이 다 어디서 나오겠습니
까? 모두가 백성에게 빼앗은 것 아닙니까? 정치적으로나 경제적으로
지지 기반이 미약했던 신진 사대부들이 권문세족의 독주를 막을 수 있
는 유일한 방법은 아마도 위화도 회군뿐이었겠지요. 모든 일이 대화로
해결될 수 있다면 왜 지금까지 끔찍한 전쟁이 사라지지 않고 계속되고
있겠습니까?

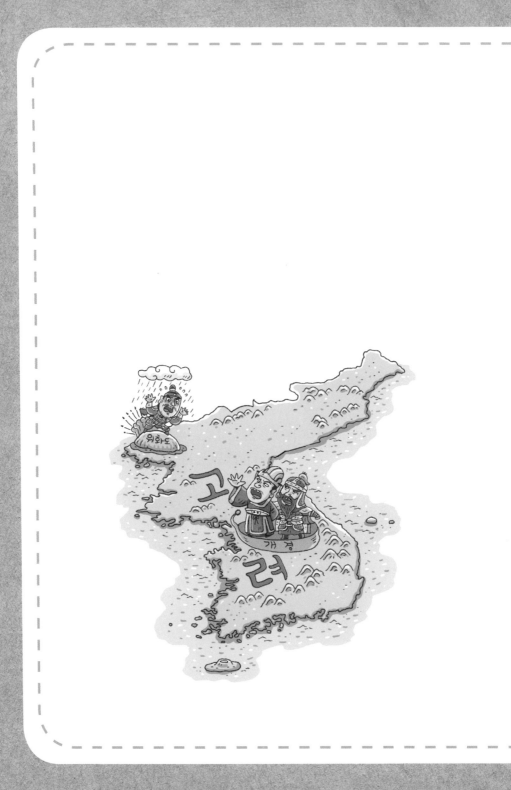

# 위화도 회군은 역사적 운명이었을까?

1. 위화도 회군은 어떻게 진행되었을까?
2. 위화도 회군은 정당했을까?
3. 위화도 회군 이후 정치 주도권은 어떻게 변했을까?

# 1

## 위화도 회군은
## 어떻게 진행되었을까?

판사    오늘은 재판 둘째 날입니다. 지난 재판에서 우리는 원고와 피고 두 인물에 대해 살펴보았는데요, 오늘은 원고가 피고를 고소하게 된 직접적인 원인에 대해서 구체적으로 밝혀 보려 합니다. 오늘 이 자리에 나와 있는 원고를 비롯한 위화도 회군의 희생자들에 대해서도 귀 기울여 주시기 바랍니다. 본 법정은 증거주의에 입각하고 있지만 증거만큼이나 인간에 대한 애정을 우선시하고 있다는 것을 말씀드리고자 합니다. 자, 그럼 오늘은 지난 재판에 이어 원고 측의 반론을 먼저 들어 보겠습니다.

김딴지 변호사    존경하는 판사님, 그리고 배심원 여러분, 지난 재판에 이어서 위화도 회군의 구체적인 실상에 대해 살펴보겠습니다. 위화도 회군이라는 피고의 불법성을 논죄하기에 앞서 랴오둥 정벌은 어떻게 이루어진 것인지에 대해 알아볼 필요가 있을 것 같습니다.

**판사** 계속하세요.

**김딴지 변호사** 네, 랴오둥 지역은 현재 중국의 영토이지만 단군이 고조선을 세운 이후부터 고구려가 멸망하기 전까지 줄곧 우리의 영토였습니다. 그곳은 중국과 우리의 중간 지대이자 군사 전략상 요충지였지요. 그런데 랴오둥 지역이 고구려의 멸망과 함께 역사에서 잊혀졌다가 고려 말 공민왕 때에 다시 주목받게 됩니다. 그 이유는 개혁 정책을 추진하던 공민왕이 중국 대륙의 주도권이 원나라에서 명나라로 교체되는 틈을 이용하여 랴오둥 지역을 회복하고, 동시에 혹시 모를 명나라의 침략에 대비하고자 했기 때문입니다. 중국은 왕조가 바뀔 때마다 우리나라를 침략했거든요.

**판사** 송나라와 명나라는 침략하지 않은 걸로 알고 있는데요.

**김딴지 변호사** 네, 그렇긴 합니다만 중국의 역대 왕조 중에 오직 두 나라만이 우리나라를 침략하지 않았다는 것은 예외적으로 봐야 할 것입니다. 따지고 보면 송나라도 **문치주의**를 천명했다고는 하나 나라를 지켜 낼 수 없을 정도로 군사력이 약해진 상황이었고, 명나라는 조선이 대외적으로 사대주의를 내세웠기 때문에 침략할 명분이 없었으니까요. 그러나 고려 말 공민왕 때의 상황은 달랐습니다. 명나라와 국교를 수립하긴 했지만 양국 간에는 미묘한 긴장감이 감돌고 있었지요. 설령 명나라가 고려를 침략하지 않을 것이라 해도 확신이 없는 한 고려는 만일의 사태에 대비해 경계와 감시를 소홀히

**문치주의**
무력이 아닌 교화나 학문, 법령에 의해 나라를 다스리는 것을 말합니다.

할 수 없었습니다. 공민왕은 옛 고구려의 땅에서 원나라의 잔존 세력들을 몰아내고 잃어버린 영토를 되찾기 시작했습니다. 그런데 여기서 우리가 주목해야 할 것이 있습니다. 대부분의 사람들은 랴오둥 정벌이 1388년에 처음 시도되었다가 이성계의 위화도 회군으로 인해 실패했다고 알고 있습니다. 하지만 사실 1370년 공민왕 때 동녕부를 정벌한 일이 있었습니다.

바로 이곳이 공민왕이 되찾은 우리의 영토입니다.

왜 이성계는 위화도에서 군대를 돌렸을까?

판사　▶동녕부는 원 간섭기에 원나라가 고려의 서경(평양)에 설치한 관청이 아닌가요?

김딴지 변호사　네, 맞습니다. 그러나 1290년에 고려의 요청으로 동녕부가 만주로 옮겨지게 되었고, 1370년 공민왕은 동녕부를 폐지하고 대대적인 정벌을 추진했습니다. 그러자 당시 원나라의 잔존 세력들이 랴오둥 성을 본거지로 삼고 고려에 전쟁을 선포했습니다.

판사　그렇게 된 것이로군요. 계속하세요.

김딴지 변호사　네, 이때 고려는 **북원**과 화친을 주장하거나 명나라의 눈치만 보며 가만히 있지는 않았습니다. 오히려 랴오둥을 먼저 공격하여 원나라의 잔존 세력들을 축출하고 랴오둥 성을 함락시키는 전과를 올렸지요. 당시 출정한 장수가 누구였는지 아십니까? 바로 피고 이성계였습니다.

　　김딴지 변호사가 이성계 앞으로 걸음을 옮기며 말을 이었다.

김딴지 변호사　피고는 1370년 공민왕의 명을 받고 랴오둥 성을 함락시킨 사실이 있습니까?

**이성계**　그렇소.

김딴지 변호사　존경하는 판사님, 그리고 배심원 여러분, 지금 피고의 답변 잘 들으셨지요? 이처럼 고려는 위화도 회군이 있기 18년 전에 이미 랴오둥 정벌에 성공했던 전력이

**북원**

당시 강남 지방은 명나라를 세운 주원장에 의해 장악되었고 강북에 남아 있던 원나라 세력을 북원이라 합니다.

**교과서에는**

▶ 원나라는 자비령 이북의 땅을 차지하고 서경에 동녕부를 설치했습니다. 이 지역은 고려의 끊임없는 요구로 1290년 충렬왕 때에 돌려받았습니다.

있었습니다.

**이대로 변호사**　이의 있습니다. 1370년에 고려가 랴오둥을 정벌한 것은 쇠퇴해 가는 원나라의 잔존 세력을 쫓아내기 위해서였습니다. 따라서 1388년에 새롭게 강자로 부상한 명나라를 상대로 랴오둥을 정벌하려 했던 것과는 차이가 있습니다. 그리고 원고 측에서 1370년의 랴오둥 정벌을 두고 성공이라고 말씀하셨는데, 저는 이 부분에 대해서도 납득하기 어렵습니다. 당시 고려가 동녕부를 정벌하여 랴오둥 성을 함락시킨 것이 동녕부 정벌의 성공이라고 한다면 왜 그때 랴오둥 지역을 고려의 영토로 편입하지 못한 것입니까? 제가 알기로는 당시 명나라가 랴오둥 지역이 자국의 영토임을 강력히 주장하는 바람에 고려 측에서도 철수하지 않을 수 없었다던데요.

**김딴지 변호사**　제가 강조했던 것은 랴오둥 정벌의 사례와 그 사실의 확인에 있는 것이지, 이 자리에서 랴오둥 정벌의 성공 여부를 결정하려는 의도가 있었던 것은 아닙니다. 그리고 전쟁에서 승리했다고 해서 반드시 어떠한 이익이 뒤따르는 것도 아니지요. 반대로 전쟁에서 패배했다고 해서 항상 치명적인 손실을 입는 것도 아닙니다. 제가 여기서 중요하게 생각하는 것은 위화도 회군 이전에도 이미 고려군이 랴오둥 정벌을 단행한 적이 있다는 것입니다. 그것도 패전이 아닌 승전의 기억을 말이지요.

**판사**　받아들입니다. 계속하세요.

**김딴지 변호사**　네, 감사합니다. ▶그러다가 명나라는

교과서에는

▶ 원나라를 멸망시킨 명나라와 고려는 처음에는 우호적인 관계를 유지했습니다. 그러나 명나라가 철령 이북의 고려 영토를 그들에게 넘겨줄 것을 요구하면서 두 나라 사이의 관계가 많이 나빠졌습니다. 고려는 이를 거부하고 명나라가 차지한 랴오둥 지역까지 되찾으려 했습니다.

1385년에 고려의 진상품에 불만을 제기했고, 1387년에 고려의 사신을 구속하고 **단교**를 선언했습니다. 그리고 이듬해 사신을 보내 일방적으로 철령 이북 지역의 **영유권**을 주장했습니다. 철령 이북 지역은 원나라의 영토였으므로 명나라에 귀속시키겠다는 논리였지요. 고려의 입장에서 보면 참으로 황당하고 무리한 요구가 아닐 수 없었습니다. 강원도와 함경도의 경계에 위치한 철령 이북 지역은 고려

**단교**
나라와 나라 사이의 외교 관계를 끊는 것을 말합니다.

**영유권**
일정한 영토에 대해 처리할 수 있는 권한을 가지는 것입니다.

선체 영토의 3분에 1이 넘는 광대한 지역이었으니까요. 게다가 명나라는 영토뿐만 아니라 그 지역에 살고 있는 고려인에 대한 지배권마저 요구했습니다. 이는 선전 포고나 다름이 없습니다. 중국에서 원나라의 잔존 세력을 몰아내는 데 성공을 거둔 명나라가 이제 고려까지 넘보는 야욕을 드러낸 것이지요.

**이대로 변호사**　　판사님, 이의 있습니다. 원고 측에서는 랴오둥 정벌의 정당성을 설명하기 위해 고려와 명나라의 관계를 지나치게 이분법적으로 해석하고 있습니다. 말씀하신 것처럼 양국의 긴장감이 더욱 고조된 것은 고려가 랴오둥을 먼저 공격한 것도 하나의 이유가 될 수 있습니다. 그러나 랴오둥 정벌의 원인을 명나라의 침략 야욕과 그에 대한 고려의 방어라는 측면에서 이해하는 것은 문제가 있다고 생각합니다. 고려와 명나라의 관계가 악화된 데에는 다양한 원인이 있습니다. 1374년 고려에 뜻밖의 사건이 발생했습니다. 반원 정책을 내세우고 여러 방면에서 개혁 정치를 추진하던 공민왕이 내시들에 의해 시해된 것입니다. 그런데 공민왕을 시해한 데 대한 명나라의 **문책**을 두려워한 이인임이 당시 고려에 와 있던 명나라의 사신을 살해하면서 문제가 커졌습니다. 명나라에서 이 사건을 그냥 넘길 리 없었지요. 고려는 막대한 공물을 바치는 조건으로 사건을 무마하고자 했지만 명나라는 끈질기게 이인임의 소환을 요구했습니다. 그러자 이인임은 명나라에 들어가는 것을 거부하면서 오히려 친원 정책을 펼쳤습니다.

"나쁜 놈! 일은 제가 벌여 놓고 목숨은 소중한가 보지?"

"명나라가 그 좋은 기회를 가만히 보고 있을 리가 없지!"

이대로 변호사의 설명을 숨죽이며 듣고 있던 방청객들이 한숨 섞인 말들을 쏟아 냈다. 이대로 변호사는 방청석을 한번 쭉 훑고는 말을 계속했다.

**이대로 변호사**　　존경하는 판사님, 그리고 배심원 여러분, 각자 자신의 입장에서 한번 생각해 보시기 바랍니다. 가뜩이나 긴장 국면에 있던 양국의 관계 속에서 외교 사절이 살해되었다는 것은 무엇을 의미하겠습니까? 이 사건은 얼마든지 전쟁의 명분이 될 수 있었습니다. 그렇다면 고려에서 먼저 전쟁의 빌미를 제공한 것이 아니겠습니까? 실제로 **명 태조 주원장**은 고려와 국교가 끊어진 이유를 역신이 임금을 죽였기 때문이라고 공식적으로 밝혔습니다. 그래서 신진 사대부는 이인임의 처벌을 주장했고 정부의 친원 정책에 반대했던 것입니다. 그러나 결과는 어땠습니까? 이인임은 오히려 이들에게 누명을 씌워 유배를 보냈습니다. 이때 원고가 이인임과 더불어 유생들을 탄압한 것은 그의 공적에 씻을 수 없는 과오라고 할 수 있겠지요. 따라서 명나라가 고려 측에 요구한 사항은 부당한 요구이긴 하지만 고려 측에서도 그러한 빌미를 제공했다고 볼 수 있습니다.

**김딴지 변호사**　　네, 그것은 빌미이고 명분에 불과하지요. 존경하는 판사님, 그리고 배심원 여러분, 그렇다고 하더라도 명나라가 철령 이북 지역을 자국의 영토에 편입시키겠다는 의도가 약해지는 것은 아닙니다. 다시 말해 명나라의 일방적이고 무리한 요구가 있었기 때문에 당시 위정자들은 랴오둥 정벌이라는 최후의 선택을 할 수밖에 없었습니다.

판사    인정합니다. 계속하세요.

김딴지 변호사    판사님, 구체적인 사실 확인을 위해 우왕을 증인으로 요청하겠습니다.

판사    허락합니다. 증인 우왕은 증인석으로 나와서 선서해 주십시오.

양측의 공방이 잠시 휴전 상태에 들어간 듯하자 방청석에서 웅성거리는 소리가 들렸다. 팽팽하게 맞선 원고와 피고 측 변호사의 변론에 긴장을 늦추지 않았던 배심원들도 자세를 교정하거나 기지개를 켜느라고 장내가 술렁거렸다.

판사    자, 다들 정숙해 주세요! 증인, 선서하세요.

우왕    나, 우왕은 진실만을 말할 것을 맹세합니다.

김딴지 변호사    먼저 간단하게 자기소개를 해 주세요.

우왕    나는 고려의 제32대 왕으로 열 살의 나이에 왕위에 올라 권문세족의 틈바구니 속에서 왕권을 수호하고 공민왕의 개혁 정치를 계승하고자 노력했습니다.

우왕이 잠시 최영을 바라보았다. 말은 하지 않았지만 서로의 눈가에 맺힌 눈물이 방청객들의 시선을 사로잡았다. 최영이 먼저 고개를 끄덕이자 우왕도 눈을 지그시 감으며 답례했다.

**이색**
고려 말의 문신이자 학자입니다. 문하에 권근과 변계량 등을 배출하여 학문에 큰 발자취를 남겼습니다. 조선 개국 후 태조가 여러 번 불렀으나 절개를 지키고 나가지 않았습니다.

김딴지 변호사    지금까지 랴오둥 정벌이 일어나기 전 국내외의 정세가 어떠했는지 살펴보았는데요, 혹시 증인께서도 덧붙일 말씀이 있으신가요?

우왕    네, 나도 재판 상황을 잘 지켜보고 있습니다만, 처음에는 피고에 대한 분노를 참기 힘들었습니다. 고려 말의 정치 상황이 회생 불가능한 상태였다고는 하지만 조정의 모든 신하가 그러했던 것은 아니었소. 최영과 같은 청렴한 원로대신이 있었고, 이색이나 정몽주와 같은 신진 사대부도 있었소. 그러나 역사는 언제나 승자의 편이라는 생각이 드는군요. 패자는 승자에 의해 철저하게 파괴되고 부정되는데 사람들은 그것이 사실이라고 믿고 있으니 안타까울 뿐이지요.

이대로 변호사    증인은 지나치게 패배주의에 빠져 있는 것이 아닌가요?

우왕    글쎄요, 장수가 싸워 보지도 않고 패배할 것이 두려워 군대를 돌린 일이야말로 진정한 패배주의라고 해야겠지요.

방청객들은 우왕의 핵심을 찌르는 간단명료한 대답에 놀라워했다.
"어린 나이에 왕위에 올랐다고는 하지만 역시 한 나라의 국왕다운 풍모가 있구면."

김딴지 변호사 　　그러면 증인에게 몇 가지 질문을 드리기에 앞서, 좀
전에 말씀하신 것처럼 피고에 대해 왜 그토록 원한과 분노가 크셨는
지 답변을 부탁드려도 되겠습니까?

우왕 　　…….

김딴지 변호사 　　대답하기 힘드시군요. 그럼 다른 질문을 드리도록
하겠습니다. 1388년에 명나라에서 고려에 사신을 보내 철령 이북에
대한 영유권을 주장했을 때, 당시 조정의 여론은 어떠했는지요? 전쟁

을 막기 위해 명나라의 요구를 들어주어야 한다는 의견은 없었나요?

**우왕** 나를 비롯한 모든 대소 신료들은 명나라의 요구에 반대했습니다. 한번 그러한 요구를 들어주면 다음에는 더 큰 요구를 해 올 것이 뻔한데, 고려의 신하로서 어찌 이를 찬성할 수 있겠습니까?

**김딴지 변호사** 맞는 말입니다. 하지만 명나라의 요구를 거절한다면 명나라는 군대를 동원해서라도 이루어 내고자 할 텐데 거기에 대한 대책은 있었습니까?

**우왕** 당시 문무 대소 신료들은 명나라와의 전쟁에 반대했습니다. 오직 최 장군만이 피할 수 없는 전쟁이라면 우리가 먼저 유리한 지역을 차지해야 한다고 주장했지요.

**김딴지 변호사** 대소 신료들이 명나라의 요구에 반대하고 전쟁도 반대했다고 하는데 다른 대안이 있었나요?

**우왕** 특별한 대안은 없었습니다. 사태를 지켜보면서 외교적인 교섭을 통해 전쟁 시기를 늦추거나 저들에게 넘겨주어야 할 땅을 최소화하려고 했지요.

**김딴지 변호사** 아, 그래서 명나라에 사신을 보내 철령위 설치를 중지해 달라고 한 것이군요?

**우왕** 네, 맞습니다. 결국 거절당했지만요.

**김딴지 변호사** 그렇다면 증인은 원고 최영의 주장에 전적으로 동의하셨나요?

**우왕** 그렇습니다. 최 장군의 생각이 바로 내 생각이었습니다. 태조 이래로 대를 이어 물려받은 우리의 영토를 싸워 보지도 않고 넘

거준다는 것은 차마 눈 뜨고는 볼 수 없는 일이지요.

김딴지 변호사    그렇다면 증인도 명나라와의 전쟁을 각오하고 있었겠군요?

우왕    피할 수 없다면 싸워야겠지요.

김딴지 변호사    이상입니다.

판사    원고 측 변호인, 반대 신문 하세요.

# 피지배의 상징, 동녕부

동녕부는 고려 말 서경 지역에 설치된 원나라의 통치 기관입니다. 1269년 (원종 10) 당시의 권신이었던 임연이 원종을 폐위하고, 그 아우인 안경공 창을 세우는 사건이 발생하자 서북면병마사 휘하에 있던 최탄, 한신과 삼화현 사람 이현령 등이 임연을 처단한다는 명분을 내세우고 반란을 일으켰습니다. 그러나 원종이 다시 왕위에 오르자 이들이 몽골에 항복하여 그곳에 동녕부가 설치되고 최탄이 동녕부총관이 되었지요. 이로써 서경을 비롯한 북계의 54성과 자비령 이북의 6성이 원나라의 손에 들어갔습니다. 이에 원종은 원나라의 수도였던 연경에 직접 찾아가서 동녕부 반환을 주장했으나 관철하지 못했습니다. 오히려 1275년(충렬왕 원년) 동녕부총관부로 승격되었지요.

이후 고려의 끊임없는 반환 요구와 원나라의 쇠퇴로 1370년(공민왕 19) 이를 폐지하여 랴오둥으로 옮기고 통치하던 지역을 고려에 돌려주었습니다. 이처럼 동녕부가 랴오둥으로 옮겨졌으나 고구려의 옛 땅을 회복하기 위한 공민왕의 북진 정책으로 대규모의 동녕부 정벌이 추진되었습니다.

# 철령위 설치 문제와 랴오둥 정벌

　　고려 말 명나라가 안변 지역, 즉 철령 이북의 땅에 설치하고자 했던 직할 지역을 말합니다. 1387년(우왕 13) 12월 명나라는 철령 이북의 땅이 원래 원나라에 속해 있던 지역이므로 랴오둥에 귀속시켜야 한다는 명분으로 철령위의 설치를 결정했습니다. 이에 명나라는 당시 고려의 사신으로 본국에 와 있던 설장수를 통해 이듬해 2월 이 사실을 고려에 통보했습니다. 명나라의 주장은 이 지역이 원래 쌍성총관부가 다스리던 지역이므로 고려의 영토가 아닌 원나라의 영토라는 것이었습니다. 이 소식을 접한 고려 조정에서는 유사시를 대비하여 전국에 성을 쌓도록 했고, 서북면에 무장들을 증파하여 수비를 굳건히 했습니다.

　　이어 명나라는 다시 철령위의 설치를 통보해 왔고, 서북면도안무사 최원지도 명나라가 랴오둥으로부터 강계에 이르기까지 70개의 역참을 설치하려 한다는 사실을 보고했습니다. 랴오둥의 봉집현에 철령위지휘사사를 설치하기도 했습니다. 이에 고려에서는 논의 끝에 최영, 이성계, 조민수 등을 보내 랴오둥 정벌을 단행했습니다. 그러나 위화도 회군으로 중단되고 말았지요. 이후 명나라는 철령위 설치를 다시 거론하지 않았고, 1393년(조선 태조 2)에는 봉집현의 철령위지휘사사도 현재 만주의 철령으로 이전했습니다. 명나라의 철령위 설치 문제는 고려의 북진을 사전에 막고자 한 목적이 있었을 거라고 추측할 수 있습니다.

# 위화도 회군은
# 정당했을까?

**이대로 변호사**　　증인은 명나라와의 전쟁을 피할 수 없는 숙명처럼 받아들이고 있는데, 과연 그렇게 단정적으로 말할 수 있을까요? 철령위 문제를 거론한 당사자인 명나라가 고려를 침략하지 않았음에도 불구하고, 증인과 최영은 반대자를 처단하면서까지 출정을 서둘렀습니다. 왜 그랬을까요? 증인에게 그 대답을 들어 보겠습니다. 명나라가 고려 측에 사신을 보내 철령위 문제를 제기한 것은 1388년 음력 2월, 맞습니까?

**우왕**　　네.

**이대로 변호사**　　그렇다면 랴오둥 정벌을 결정한 뒤 증인과 원고가 출정한 시기는 정확히 언제인가요?

**우왕**　　같은 해 음력 3월 26일입니다.

**이대로 변호사**    여러분, 지금 증인의 증언에 따르면, 당시 고려는 불과 한 달 남짓한 기간 안에 모든 전쟁 준비를 마친 것이 됩니다. 당시 병력 규모를 보면 좌군과 우군을 합하여 3만 8천 830명이었고, 호종 인원만 해도 1만 1천 634명이었으며, 말이 2만 1천 682필이었습니다. 이러한 대규모 병력이 이동하기 위해서는 막대한 군량과 군수품이 필요했을 것입니다. 그런데 고려는 이 모든 준비를 불과 한 달여 만에 마무리했습니다. 상식적으로 쉽게 납득하기 어려운 부분인데요, 여기에 대해 증인은 어떻게 생각하는지요?

**우왕**    전쟁은 속전속결이 상책입니다. 이미 결정한 이상 신속하게 준비해야겠지요. 최 장군도 랴오둥 정벌을 비밀리에 계획하며 정보가 명나라 측으로 새어 나가지 않도록 각별한 주의를 기울였습니다.

**이대로 변호사**    여러분, 앞서 살펴본 동녕부 정벌군은 랴오둥 정벌군의 절반에 해당하는 병력이었지만 수개월의 준비 과정이 필요했습니다. 그러므로 랴오둥 정벌은 이미 오래전부터 계획된 것이 아니었나 하는 의문이 듭니다. 또한 그 의문은 원고가 전쟁이라는 이름으로 정적을 제거하기 위한 구실이었다는 생각으로 이어지는데요, 증인은 어떻게 생각하는지요?

**김딴지 변호사**    판사님, 이의 있습니다. 피고 측은 심증만으로 증인에게 무리한 답변을 요구하고 있습니다.

**판사**    받아들입니다. 증인은 답변하지 않아도 됩니다.

**우왕**    괜찮습니다. 명나라는 우리가 랴오둥 정벌을 결정하기 한 해 전인 1387년 윤 6월에 이미 우리 측 사신을 옥에 가두고 단교를 선언했습니다. 이는 명나라가 자국의 정세를 고려에 알리지 않기 위함이었습니다. 명나라는 우리가 사신을 보내겠다는데도 거절했지요. 그래서 이때부터 최 장군은 만일의 사태에 대비해야 한다고 말했어요.

**윤**
윤달을 말하는데, 역법에서 12개월을 1년으로 할 때 매년 약 11일 정도의 오차가 생겨 이를 조절하기 위해 19년에 일곱 번의 윤달을 넣는답니다.

**이대로 변호사**　그렇군요. 하지만 증인의 답변이 상황 설명은 될 수 있을지 몰라도 질문에 대한 정확한 대답은 아닌 것 같군요. 그렇다면 랴오둥 정벌군의 준비 과정은 1387년 6월부터 이루어진 것인가요?

**김딴지 변호사**　판사님, 이의 있습니다.

**판사**　기각합니다. 증인은 신중하게 답변하세요.

**우왕**　명나라와의 국교 단절 이후 고려가 만일의 사태에 대비했던 것은 사실입니다. 그러나 본격적인 랴오둥 정벌군을 소집한 것은 철령위 문제가 제기된 이후입니다.

**이대로 변호사**　알겠습니다. 그런데 증인은 이같이 중대한 사안을 왜 유독 원고와 상의해서 결정했는지 궁금하군요.

**우왕**　최 장군만이 내 생각과 같았기 때문입니다.

**이대로 변호사**　원고만이 유일하게 증인의 생각과 같았다면 반대로 다른 신하들은 증인과 생각이 달랐다는 말인가요?

**우왕**　내가 마음을 털어놓고 솔직하게 대화할 수 있는 상대가 바로 최 장군이었습니다. 그러한 의미에서 이해해 주셨으면 합니다.

**이대로 변호사**　철령위 문제가 불거지자 증인은 문무관을 소집하여 대책 마련을 논의했습니다. 그러나 당시 여론은 반전론이 우세했습니다. 그렇지 않습니까?

**우왕**　반대한 신하들도 있었고, 찬성한 신하들도 있었소. 모두가 반대한 것은 아니오.

**이대로 변호사**　좋습니다. 원고 측에서 제출한 고소장을 보니 배심원 여러분들이 오해할 만한 내용이 있는데 바로잡을 필요가 있을 것 같아 묻겠습니다. 지금 증인은 랴오둥 정벌에 대한 찬반 여론이 반반이었다고 했습니다. 그러나 고소장에는 대부분의 조정 대신들이 랴오둥 정벌에 찬성한 것으로 적혀 있습니다. 어떻게 된 건가요?

**우왕**　…….

**이대로 변호사**　랴오둥 정벌의 가부 결정이 있기 전에 이자송 사건이 있었습니다. 증인은 랴오둥 정벌을 적극적으로 반대한 이자송에게 누명을 씌우고 곤장을 쳐 죽였습니다. 그로 인해 랴오둥 정벌의 가부 결정이 있었을 때 조정 대신들은 왕과 최영의 눈치를 살피며 찬성에 손을 들 수밖에 없었던 것입니다. 즉, 랴오둥 정벌에 반대하려면 목숨을 내놓을 용기가 필요했던 것이지요. 따라서 이 결정은 원천적으로 무효라는 것을 말씀드리고 싶습니다.

　이대로 변호사의 예리한 지적에 방청객들은 무릎을 탁 치며 탄성을 내뱉었다.

**이대로 변호사**　존경하는 판사님, 그리고 배심원 여러분, 대부분의 신하가 이 전쟁을 반대했다면 거기에는 합당한 이유가 있을 것입니다. 피고 이성계는 당시 우군통제사의 중임을 맡았음에도 불구하고 정책 결정에 있어서는 철저하게 소외되었고, 피고가 제시한 견해는 묵살되었습니다. 여러분, 피고가 제시한 랴오둥 정벌의 '4가지 반대 이유(四不可論)'에 주목해 주시기 바랍니다.

**역참**
중앙과 지방 사이의 명령을 전달하고, 공문서와 군사 정보를 전달하기 위하여 마련된 교통 통신 기관입니다.

첫째, 작은 나라가 큰 나라를 치는 것은 옳지 않다.
둘째, 여름철에 군사를 일으키는 것은 좋지 않다.
셋째, 거국적인 원정으로 왜가 그 허점을 틈탈 것이다.
넷째, 지금은 무덥고 비가 많이 오는 시기이므로 활의 붙임이 풀려 제 기능을 발휘하지 못하고 군대가 질병에 걸릴 것이다.

그러나 원고와 증인은 이러한 의견들을 묵살하고 피고 이성계에게 출정을 명령했고, 이에 피고는 위험을 무릅쓰고 랴오둥 정벌의 허구성을 강력히 주장했습니다. 자신을 비롯한 수많은 병사들의 생사가 걸린 문제이자, 나아가 고려 전체가 전쟁의 고통에 시달리게 될 수도 있는 중대한 문제였기 때문입니다. 하지만 증인은 랴오둥 정벌을 반대했다가 처형당한 이자송의 예를 들며 피고의 주장을 물리쳤습니다. 그렇지 않습니까?

**우왕** 그렇소. 당시 명나라는 철령 이북의 70여 곳에 **역참**을 두어서 철령위 설치를 실행 단계에 옮기고 있었소. 이런 상황이라면 새로 군대를 징집해도 늦었다고 할 수 있는데, 어찌 이미 동원한 군대

를 되돌릴 수 있었겠소?

**이대로 변호사**   자신의 결정이 잘못되었다는 생각은 단 한 번도 해 보지 않았습니까?

**우왕**   랴오둥 정벌을 추진한 것에 대해서는 지금도 잘못된 결정이라 생각하지 않소.

**김딴지 변호사**   이의 있습니다. 피고 측은 랴오둥 정벌이 잘못된 결정이었다는 증언을 유도하고 있습니다. 당시의 상황을 고려해 보면 명나라가 철령위를 설치했다는 것은 고려와의 전쟁을 불사하겠다는 의도가 깔려 있는 것으로 받아들일 수밖에 없습니다. 이러한 상황에서 고려는 랴오둥 정벌을 최후의 수단으로 선택했던 것입니다. 피고 측의 주장대로 랴오둥 정벌이 잘못된 결정이었는지 아닌지는 명나라와의 전쟁이 일어나지도 않은 상황에서는 함부로 판단할 문제가 아니라고 생각합니다.

**판사**   받아들입니다. 피고 측에서는 질문에 주의해 주시기 바랍니다.

**이대로 변호사**   네, 알겠습니다. 증인의 명령으로 ▶피고는 비에 젖은 갑옷의 무게를 이겨 내고 출정했습니다. 그러나 피고가 우려한 상황이 현실로 나타났습니다. 압록강을 넘기도 전에 비가 많이 와서 물에 빠져 죽는 병사가 속출했고, 진군마저 어려워져 군량만 허비하게 된 것입니다. 그리고 무엇보다 군사들의 사기가 가장 큰 문제였습니다. 압록강 하류의 위화도에 주둔한 피고는 마지막으로 다시 한 번 랴오둥 정벌

**교과서에는**

▶ 5만 명의 군사를 이끌고 랴오둥을 향해 출정한 이성계는 압록강의 위화도에서 군대를 돌렸습니다.

이 불가한 네 가지 이유를 들어 회군을 건의했습니다. 그러나 우왕과 최영은 지체하지 말고 압록강을 건너라며 재촉했습니다. 존경하는 판사님, 그리고 배심원 여러분, 랴오둥 정벌은 당시 대소 신료뿐만 아니라 피고와 같이 유능한 장수마저도 반대할 정도로 무모한 계획이었습니다. 당시 고려는 전쟁을 통해 옛 영토를 회복하는 것보다 우선적으로 처리해야 할 내부 문제도 많았습니다. 무엇이 백성들을 위한 결정이었는지 여러분들께서 합리적인 판단을 내려 주시길 부탁드리겠습니다. 이상입니다.

판사　수고하셨습니다. 다음으로 원고 측의 신문을 들어 보겠습니다.

김딴지 변호사　지난 재판에서 피고는 위기의 순간마다 빼어난 활솜씨로 군사들의 사기를 독려했고 그것으로 인해 언제나 전쟁을 승리로 이끌었다고 말씀하셨습니다. 그런데 어찌하여 랴오둥 정벌과 같은 중요한 전쟁에 나가서는 단 한 번도 신기의 활 솜씨를 보여 주지 않았는지 궁금하군요. 피고는 오히려 회군하면서 아군을 향해 활 솜씨를 보여 주셨다면서요?

김딴지 변호사의 허를 찌르는 말에 방청객들은 웃음을 참지 못하고 '하하하' 웃어 댔다.

김딴지 변호사　피고에게 묻겠습니다. 피고는 당시 고려의 신하였습니까?

**이성계**　　네.

**김딴지 변호사**　　피고의 부하 장수들은 모두 피고에게 절대 복종을 맹세한 훌륭한 장수들이었습니까?

**이성계**　　네.

**김딴지 변호사**　　피고의 부하 장수들 중에 피고의 행위에 불만을 가지고 중요한 순간마다 비판적인 생각을 표현하면서 명령을 따르지

않는 장수가 있다면 어떻게 하겠습니까? 예를 들어 적과
대치한 상황에서 적군의 수가 아군보다 많다는 이유로 진
격하지 않고 후퇴하는 장수가 있다면 어떻게 하겠습니까?

**이성계** …….

**김딴지 변호사** 대답을 못 하시는군요. 그렇다면 증인 우왕에게 묻
겠습니다. 증인의 신하 중에 왕명을 어긴 장수가 있다면 어떻게 하
겠습니까?

**우왕** 마땅히 군법에 따라 죄를 물어야겠지요.

**김딴지 변호사** 군법에 의하면 참형에 처해지나요?

**우왕** 그렇소.

**김딴지 변호사** 증인의 신하 중에 고려 조정을 부정하고 왕권에 도
전하는 자가 있다면 어떻게 하겠습니까?

**우왕** 반역죄로 처벌해야겠지요.

**김딴지 변호사** 반역죄에 대한 처벌은 어떻습니까?

**우왕** 상황에 따라 정도의 차이가 있습니다만, 당사자는 참형을
면치 못하고, 재산은 몰수되며, 연좌제가 적용되어 반역자 집안의
사람들 모두 죽임을 당하게 됩니다.

**김딴지 변호사** 그렇다면 피고 이성계의 죄는 어떠한 죄에 해당한
다고 보십니까?

**우왕** 군령을 어긴 죄와 반역죄가 동시에 적용되지요.

**김딴지 변호사** 그렇습니다. 여기에 대해서는 증인은 물론이거니
와 원고와 피고가 그 누구보다 잘 알고 있을 것입니다. 그럼에도 피

고는 랴오둥 정벌의 불가함을 들어 조민수 장군을 공범으로 만들었습니다. 그리고 피고는 랴오둥 정벌의 모든 책임을 원고에게 뒤집어씌웠고, 우왕도 내쫓았지요. 반역자가 오히려 당당하게 정권을 장악하고 왕위에 오른 것입니다. 또한 개혁과 혁명이라는 이름으로 기존의 질서를 철저하게 부정하고 파괴했습니다. 이에 대한 명확한 해명과 역사의 심판이 없다면 후손들이 어찌 생각할까 걱정됩니다.

김딴지 변호사가 잠시 말을 멈추자 방청객들이 소곤거렸다.

"장수로서 왕명을 거역하고 회군을 했으니 자신이 살기 위해서라도 반대파를 숙청할 수밖에 없었겠지."

"허허, 성공하면 혁명이고, 실패하면 반역이라니······."

김딴지 변호사는 배심원들의 반응을 살피려는 듯 재판정을 천천히 둘러보면서 말을 이었다.

김딴지 변호사　여러분, 피고는 랴오둥 정벌의 책임이 원고에게 있다고 뒤집어씌웠습니다. 왜 그랬을까요? 피고에게 묻겠습니다. 명나라의 문책을 최소화하려고 그랬나요? 아니면 더 많은 희생을 막으려고 그랬나요?

이성계　나는 여러 장수의 뜻을 모아 회군을 결정했지만 아군과의 전면전은 가능한 한 피하고 싶었소. 그래서 부하들에게 왕과 백성에게는 피해를 입히지 말라고 당부했습니다.

김딴지 변호사　그렇다면 아군의 희생을 최소화하기 위해 랴오둥

**안민**
백성이 안심하고 편히 살게 하는 것입니다.

**대의**
사람으로서 마땅히 지키고 행해야 할 큰 도리를 뜻합니다.

정벌의 책임을 원고 한 사람에게 떠넘긴 건가요?

**이성계**　네.

**김딴지 변호사**　그러나 과연 그럴까요? 판사님, 지금 피고는 국왕이 아닌 장수에게 랴오둥 정벌의 책임을 전가함으로써 자신이 국왕의 명령을 어긴 반역자라는 혐의에서 벗어나려 하고 있습니다. 당시 일반 군사들에게 반역이라는 의미가 얼마나 위험한 모험이었을지는 굳이 설명하지 않아도 잘 아시리라 생각합니다. 당시 반역죄는 가장 큰 죄였습니다. 실제로 피고의 군대가 개경을 공격할 때 조민수의 군대는 최영의 군사에게 패하기도 했습니다. 반역자의 오명을 안고 아군과의 전쟁을 치른다는 것이 큰 부담이었던 것이죠. 때문에 피고는 랴오둥 정벌의 책임을 국왕이 아닌 장수에게 전가하여 반역의 혐의에서 벗어났던 것입니다. 하지만 증인은 당시에도 그렇고 지금도 위화도 회군이 자신의 결정이었다는 것을 분명하게 밝히고 있습니다. 이래도 랴오둥 정벌의 책임을 원고 한 사람에게 전가할 수 있습니까?

**이성계**　백성이 있기에 나라가 있는 것입니다. 회군은 불충(不忠)이지만 **안민(安民)**은 **대의(大義)**이니 백성을 위해 대의를 따른 것입니다. 랴오둥 정벌의 성패를 떠나 명나라는 당시 국제 정세를 주도하는 대국이었습니다. 작은 나라가 큰 나라를 공격해서 실패할 경우 그 화는 온 나라와 백성에게 미칠 것입니다. 나라의 근심을 없애는 길은 회군만이 유일한 방법이었습니다. 대의를 실현하기 위해 따르는 작은 희생을 어찌 일일이 다 돌아볼 수 있겠습니까?

**김딴지 변호사**　　작은 희생이라고요? 피고는 회군 이후 많은 사람들을 죽이지 않았습니까? 그런데 어찌 이를 작은 희생이라고 말할 수 있습니까?

**이성계**　　…….

**이대로 변호사**　　이의 있습니다.

**판사**　　기각합니다. 계속하세요.

경기도 고양시 덕양구 대자동에 있는 최영 장군 묘

**김딴지 변호사**　　피고는 증인은 물론이거니와 고려 왕실의 후손을
모두 죽였습니다. 여러분, 고려 태조 왕건 이래로 고려에 왕씨 성을
가진 사람들이 얼마나 많았겠습니까. 그러나 피고는 지속적으로 집
요하게 전국의 모든 왕씨를 찾아내 죽였습니다. 이러한 정치적 만행
은 조선 중기까지 계속되었고, 이 때문에 세조 때에 이르러서는 전
국에 왕씨 성을 가진 사람을 거의 찾아볼 수 없게 되었지요. 고려의
부활을 두려워한 조선이 철저하게 고려의 후손을 배척하고 몰살시
킨 결과입니다. 증인 우왕이 피고에 대한 분노와 원한을 참기 힘들
었다고 말한 이유가 여기에 있을 거라고 생각합니다.

　　이때 증인 우왕이 참았던 분노와 슬픔을 이기지 못하고 눈물을 흘렸다. 조선은 토지 제도를 개혁하고 유교 정치사상에 입각한 왕도 정치의 실현을 목표로 새로운 시대를 열었지만, 그 이면에는 고려 지우기라는 다른 얼굴이 있었다.

김딴지 변호사 　존경하는 판사님, 그리고 배심원 여러분, 이 나라에는 국민이 지켜야 할, 그리고 국민을 보호해야 할 법이 엄연히 존재합니다. 그것은 고려 시대에도 마찬가지였습니다. 피고는 자신이 옳고 상대방이 틀리다는 흑백 논리로 자신을 반대했던 사람들을 모두 죽였습니다. 이것이 과연 옳은 일일까요? 여러분, 역사는 거울이라고 합니다. 우리는 역사의 거울 앞에서 양심적인 판단을 내려야 할 것입니다. 미래의 거울이 지금 우리의 판단을 기다리고 있습니다. 이상입니다.

# 3 위화도 회군 이후 정치 주도권은 어떻게 변했을까?

판사 네, 수고하셨습니다. 지금까지 랴오둥 정벌과 위화도 회군의 구체적인 실상에 대해 양측의 주장을 들어 보았는데요, 배심원 여러분께서도 충분히 이해가 되셨으리라 생각합니다. 그렇다면 이번에는 위화도 회군 이후 고려의 정치 구도가 어떻게 바뀌었는지 살펴보는 것이 좋겠습니다. 이 점에 대해서는 어느 분이 먼저 변론하시겠습니까?

**이대로 변호사** 제가 먼저 말씀드리겠습니다.

판사 네, 그럼 시작해 주세요.

**이대로 변호사** 위화도 회군 이후 고려는 명나라와의 전쟁을 피할 수 있었고, 따라서 내부적인 문제에 더 많은 관심을 돌릴 수 있었습니다. ▶신진 사대부는 개혁을 추진하기 위해 먼저 병권을 장악했습니다. 개혁이 실패한다면 그들도 반역죄를 면치 못할 상황이었기 때문입니다. 목숨을 건 개혁이었다고 할 수 있지요. 그러면 위화도 회군 이후 고려의 정치 상황이 어떠했는지 보다 구체적으로 살펴보기 위해 개혁에 앞장섰던 신진 사대부 조준을 증인으로 요청하겠습니다.

**판사** 네, 증인 조준은 증인석으로 나와서 선서해 주세요.

**조준** 선서! 나, 조준은 진실만을 말할 것을 맹세합니다.

**이대로 변호사** 증인 조준에 대해 간단히 설명을 드리자면, 증인은 원 간섭기에 탁월한 몽골어 실력으로 재상의 자리에 오른 문하시중 조인규의 증손입니다. 증인은 이러한 조상의 음덕으로 관직에 진출했지만 과거를 통해 자신의 능력을 인정받고 여러 문무 관직을 역임했습니다. 위화도 회군 이후에는 피고를 비롯한 신진 사대부의 개혁 정치에 주도적인 역할을 담당했고, 조선의 3대 왕을 차례로 추대하여 <u>공신</u>의 칭호를 받았습니다. 증인은 위화도 회군 이후 바로 다음 날 <u>사전(私田)</u> 개혁에 대한 장문의 상소를 올렸습니다. 증인은 개혁을 이루기 위해 어떠한 준비를 하셨는지요?

**조준** 무언가를 지키는 것도 어렵지만 바꾸는 것도 결코 쉬운 일이 아닙니다. 개혁을 추진하려면 개혁의 미래상을 그릴 수 있는 인재가 필요했는데, 기존의 정치 구조에서는 그러한 인재를 발탁하기가 쉽지 않았습니다. 우리가 추진하고자 하는 개혁은 여기저기 구멍 난 둑을 메우는 일이 아니라 그 둑을 허물고 새로운 둑을 건설하는 일이었기 때

**공신**
나라를 위해 특별한 공을 세운 신하를 일컫는 말입니다.

**사전**
개인 소유의 논밭을 말합니다.

**교과서에는**

▶ 이성계는 위화도에서 회군하여 최영을 제거한 뒤, 군사적인 실권을 장악하고 본격적으로 개혁을 실시했습니다.

문입니다. 그러자면 매우 정확한 설계도를 그려 내야만 했습니다.

**이대로 변호사** 　기존의 정치 구조 속에서는 개혁을 실행하기가 어려웠나요?

**조준** 　네, 거의 불가능해 보였습니다. 개혁이라는 말 자체에서도 알 수 있듯이 기존의 틀을 인정하는 상황에서는 우리가 지향하는 개혁을 달성하기 어렵다고 판단했습니다.

**이대로 변호사** 　그 이유에 대해 좀 더 자세히 설명해 주시겠습니까?

**조준** 　개혁을 하면서 가장 중점을 둔 것은 사전과 **정방**의 혁파였습니다. 고려 시대의 토지는 크게 공전과 사전으로 나눌 수 있습니다. 쉽게 말씀드리면 공전은 왕실이나 관청 등의 공공 기관에서 소유한 토지이고, 사전은 말 그대로 개인에게 지급되는 토지입니다. 다시 말해 사전은 개인이 나라에 봉사한 대가로 지급받는 토지입니다. 따라서 관리나 군인이 관직에서 물러나거나 사망할 경우 다시 국가에 반납해야 하는데 고려 말기에 국가에 반납하지 않고 자손에게 물려주거나 다른 사람의 사전을 함부로 빼앗아 대규모 농장을 경영하는 사례가 늘어났습니다. 땅은 한정되어 있는데 사전

이 확대되면서 국고는 궁핍해지고, 새로이 관직에 진출한 관리나 군인에게 지급해야 할 토지마저 부족해졌습니다. 지난 재판에서 이인임이 증인으로 나와 토지 **탈점**의 실상이 어느 정도였는지 공개되었습니다만, 당시 권문세가들이 땅을 늘리는 방법은 여러 가지가 있었습니다. 나라로부터 받은 땅을 반납하지 않고 상속하는 것은 기본이고, 고리대를 하거나 **사패**를 위조하여 남의 땅을 빼앗았습니다.

**이대로 변호사**　말씀하시는 도중에 죄송합니다만, 권문세가라면 그래도 명망 높은 재상이나 고위층 인사들이었을 텐데, 이들이 그러한 불법을 저질렀다는 것이 선뜻 믿기지가 않는데요?

**조준**　'신독(愼獨)'이라는 말이 있습니다. "숨은 것보다 잘 드러나는 것이 없고, 조그마한 것보다 잘 나타나는 것이 없으므로 군자는 혼자 있을 때에도 삼간다"라는 『중용』의 문구에서 나온 말이지요. 이인임과 같은 권세가들이 이 말의 의미를 몰라서 무고한 백성들의 토지를 빼앗았겠습니까? 경서를 공부한 사대부라 해도 한번 비리에

연루되면 거기서 빠져나오기가 어렵습니다. 그러다가 도덕적으로 해이해지고 거기에 대한 각성이 무뎌지면 나쁜 짓을 저질러 놓고도 오히려 세상을 탓하고 남을 원망하게 되는 거지요.

**이대로 변호사**　　그렇군요. 그래서 결국 국가 경제는 점점 더 궁핍해지고, 새로운 관리들에게 지급할 토지마저 부족해졌군요. 그렇다면 정방을 없애는 것이 시급한 문제였습니까?

**조준**　　네, 그렇습니다. 정방이 설치되기 이전에는 이부와 병부를 비롯한 중서문하성의 재상들이 관리를 선발했지요. 그러나 무신 정권 시기에는 인사 행정의 까다로운 절차를 생략하고 정방이라는 기구를 만들어 인사 행정을 마음대로 쥐락펴락했어요. 무신 정권이 막을 내리고 원 간섭기가 시작되었지만 정방은 여전히 사라지지 않았고, 오히려 불법적인 인사 행정의 온상이 되었지요.

**이대로 변호사**　　아, 누군가 인사권을 장악할 필요가 있었나 보죠?

**조준**　　그렇습니다. 권문세가들은 정방을 통해 자신에게 유리한 인사들을 주요한 자리에 배치할 수 있었지요. 따라서 인재 선발의 공정성을 확보하고 개혁적인 성향의 참신한 인재를 등용하기 위해서는 정방의 혁파가 시급했습니다.

**이대로 변호사**　　그렇지만 예상외로 반대 세력의 반발도 심상치 않았던 것 같습니다. 조민수 장군의 경우 피고와 함께 회군을 했음에도 불구하고 기존의 세력을 옹호했잖아요?

**조준**　　네, 조민수 장군은 개혁보다는 보수를 선택했지요. 그는 우왕의 아들인 창왕을 왕으로 세우고 권문세족의 구질서를 옹호했어요. 또한 이인임의 정계 복귀를 시도했고, 스스로 토지 탈점에 연루되었기 때문에 사전 개혁에도 반대했습니다. 우리가 개혁을 추진하는 목적은 '위민(爲民)'에 있었습니다. 백성을 위하는 마음이 없는 위정자가 백성을 기만하고 국정을 어지럽히는 것을 더 이상 보고만 있을 수는 없었습니다.

위민
백성을 위한다는 뜻입니다.

**이대로 변호사** 네, 위화도 회군 이후 정치의 방향은 개혁 세력에 의해 주도되었다고 보아도 무리가 없을 것 같습니다. 이상입니다.

판사 수고하셨습니다. 원고 측 반대 신문 하세요.

김딴지 변호사 네, 증인의 발언은 개혁을 추진하는 세력의 입장을 대변하고 있습니다. 그러나 개혁 세력은 청렴결백했고, 개혁에 반대하는 세력은 부정부패했다는 주장에는 무리가 있습니다. 왜냐하면 권문세족 중에는 자신의 능력과 공적의 대가로, 또는 합법적인 방법으로 대토지를 소유하게 된 경우도 있기 때문입니다. 나중에 다시 말씀드릴 기회가 있겠습니다만, 이런 의미에서 사전 개혁의 범위를 모든 토지에 적용시킨 것은 문제가 많다고 봅니다. 처음부터 새로운 왕조 개창에 대해 논의하지 않았다면 어떻게 불법 여부를 판단하기 어려운 토지에 대해서도 개혁의 대상에 포함시킬 수 있었겠습니까? 그것은 또 다른 형태의 강탈이나 마찬가지입니다. 위화도 회군은 처음부터 피고가 권력을 장악하기 위해 벌인 계획적인 반역 행위였습니다. 과거 무신 정권과 비교하면 신진 사대부라는 문신들이 참여했다는 차이가 있을 뿐이지요. 따라서 위화도 회군은 무력으로 이루어진 권력 쟁탈의 모습을 보여 준다고 하겠습니다.

**이대로 변호사**　　이의 있습니다. 원고 측에서는 아무런 증거도 없이 피고의 진정성을 낮게 평가하고 있습니다.

**판사**　　받아들입니다. 개인적인 추측이나 의견은 삼가 주세요.

**김딴지 변호사**　　그렇다면 위화도 회군 이후 정치 주도권의 변화 과정을 통해 말씀드리겠습니다. 증인은 위화도 회군 이후 가장 시급한 해결 과제로 사전과 정방의 혁파를 주장했는데요, 맞습니까?

**조준**　　네.

**김딴지 변호사**　　그러나 그보다 더 시급한 문제가 있지 않았나요?

**조준**　　네?

**김딴지 변호사**　　위화도 회군 이후 피고는 권력 장악을 위한 수순을 하나씩 밟아 나가기 시작했습니다. 민생 안정이 가장 시급한 사안이었음에도 불구하고 백성들의 삶을 개선하기 위한 구체적인 방안은 마련하지 않았습니다. 오히려 반역의 혐의를 벗기 위해 권력 장악에만 몰두해 있었지요. 우선 피고는 전국에 흩어져 있는 군사력을 장악하고자 했습니다. 최영이라는 든든한 후원자를 잃어버린 조정에서는 이를 막을 만한 능력을 가진 인물이 사실상 없었습니다. 무신 정권 이후 무력에 굴복해 온 유약한 문신들과 원 간섭기에 등장한 기회주의자들이 득세했기 때문입니다. 고려 왕실을 위해 섣불리 나서는 인물이 없었지요.

　　그러다가 우왕의 후사 문제를 두고 두 세력은 대립했습니다. 서로가 자신들에게 유리한 인물을 왕으로 세우고자 했기 때문이죠. 그때 조민수를 포섭한 고려 왕실이 창왕을 후계자로 세우면서 잠시 유리한 상황을 만들었습니다. 피고는 왕실의 후손 중에 아무나 허수아비 왕을 세우고자 했지만 고려 왕실의 정통성을 중시한 이색은 고려 왕실의 손을 들어줬습니다. 그래서 우왕의 아들인 창왕이 고려의 제33대 왕으로 즉위하게 된 것입니다. 그러나 군사적으로 막강한 피고를 제압한다는 것은 쉬운 일이 아니었습니다. 오히려 조민수는 유배지에서 숙청당하게 되지요. 그 후 고려 왕실은 군사적으로나 정치적으로 피고에게 대응할 만한 힘이 남아 있지 않았습니다.

방청객들은 김딴지 변호사의 조리 있는 변론에 고개를 끄덕였다.
"듣고 보니 그렇네."
"이 변호사 말을 들으면 그 말이 맞는 것 같고, 저 변호사 말을 들으면 저 말이 맞는 것 같으니……."

**김딴지 변호사**    피고는 반대 세력을 제압하기 위해 우선 병권을 장악하고자 했습니다. 이를 눈치챈 조정에서 조민수를 포섭하지만 실패하고 맙니다. 이 사건을 계기로 피고는 병권을 실질적으로 장악해야 할 필요성을 다시 한 번 느꼈을 겁니다. 당시 고려의 군사 체계는 한 나라의 군대라고 하기에도 민망할 지경이었습니다. 소수의 가문에 의해 토지와 관직이 독점되어 있는 상황에서 나라는 정규군을 육성할 만한 재원을 확보할 수 없었습니다. 따라서 군대는 사병 형태로 존재하고 있었지요. 게다가 군사 지휘 체계도 하나로 통일되지

삼군도총제부
고려 말에서 조선 초기에 나라 안팎의 군사를 통할하던 관청입니다.

상서사
고려 시대에 관리 임용에 관한 일을 맡아보던 관청입니다. 창왕 때에 정방을 폐지하고 다시 만들었습니다.

못하여 지방군의 통수권도 조정 대신들에게 분산되어 있었습니다. 그중에 가장 유력한 군대를 보유한 세력이 바로 최영과 이성계였습니다. 피고는 명목상의 통수권이 아닌 실질적인 병권을 장악하기 위해 지방군을 통제할 수 있는 절제사를 한 명으로 한정하고, 지방군을 중앙의 통제 아래에 두고자 했습니다. 그리하여 기존의 군사 제도를 수정하여 **삼군도총제부**를 설치했습니다. 피고가 도총제사가 된 것은 물론입니다. 또한 새로이 편성한 삼군도총제부의 핵심부는 피고를 지지하는 인사들이 장악하고 있었습니다. 중군총제사에는 배극렴, 좌군총제사는 조준, 우군총제사는 정도전이 임명되었지요. 지방군도 예외는 아니었습니다. 경기 좌우도의 절제사는 조준, 경상도의 절제사는 남은이 겸임했습니다. 병권을 완전히 장악한 피고는 더 이상 망설이지 않았습니다.

판사   기존의 세력들이 권력의 핵심이라 할 수 있는 병권을 쉽사리 내주지 않았을 텐데요?

김딴지 변호사   네, 하지만 피고는 이미 정방을 없애고 신설 기구인 **상서사**를 통해 인사권을 장악하고 있었기 때문에 가능했지요. 인사권과 병권을 장악한 피고는 마지막 걸림돌인 정몽주를 제거하고 왕위에 올랐습니다.

판사   그렇다면 고려의 왕들은 어떻게 되었나요?

김딴지 변호사   ▶증인 우왕이 출석한 자리라서 말씀드리기가 좀 그렇습니다만, 정권을 장악한 피고는 우왕과 창왕

교과서에는

▶ 이성계를 중심으로 한 급진 개혁파 사대부 세력은 우왕과 창왕을 모두 폐위하고, 공양왕을 세워 전제 개혁을 단행하여 과전법을 마련했습니다.

이 왕씨가 아니라 신돈의 자식이라는 '폐가입진'의 명분으로 폐위하고, 우왕은 강릉에서, 창왕은 강화에서 각각 살해했습니다. 그리고 고려의 마지막 왕인 공양왕마저 폐위하고 삼척에서 살해했습니다. 관련 자료를 제출하겠습니다.

김딴지 변호사는 자료를 판사에게 건네주었다. 한참을 들여다본 판사가 말문을 열었다.

판사　　원고 측의 말이 사실이군요. 계속하세요.

김딴지 변호사　　증인 조준에게 묻겠습니다. 정방 혁파에 대해 증언하셨는데, 그때 증인의 요청에 의해 정방이 혁파되고 상서사를 설립했지요?

조준　　네.

김딴지 변호사　　그렇다면 상서사에서 이루어진 인사 행정은 공정했습니까? 이를테면 인사권을 감독하고 공정한 인사 행정이 이루어질 수 있도록 절차와 제도를 마련했냐는 말입니다.

조준　　상서사의 설립은 권문세족에게 아첨하는 무리들이 양산되는 것을 막고 참신한 개혁 인사가 정치에 참여할 수 있도록 하는 발판이 되었습니다. 개혁이 성공하기 위해서는 정치 운영자의 의식이 무엇보다 중요합니다. 기름진 땅이 있더라도 농부가 밭을 일구지 않는다면 그것은 황무지나 다를 게 없는 것처럼, 아무리 좋은 제도가 있더라도 사용자가 그것을 제대로 활용할 능력이나 의지가 없다면 그 제도는 무용지물이나 마찬가지입니다. 생각이 바뀌지 않는다면 새로운 제도가 만들어지더라도 제대로 운영하기 어렵습니다.

김딴지 변호사　　증인의 말처럼 불법적인 인사 행정의 온상이었던 정방이 폐지되었다고는 하지만 새롭게 설치된 기구에서도 정방과 같은 인사 행정이 이루어졌다면 그것은 공정한 인사 행정이었다고 보기 어려울 것입니다. 존경하는 판사님, 그리고 배심원 여러분, 피고는 위화도 회군 이후 민생을 우선적으로 생각하기보다는 중앙의 정치권력을 장악하는 데 중점을 두었습니다. 앞서 알아보았듯이 그들은 개혁이라는 이름으로 병권과 인사권을 장악했습니다. 그것은 바로 피고 자신이 왕이 되기 위한 과정에 불과한 것입니다. 민생을 위한 것은 어디에 있습니까? 민생보다는 개혁이 우선이고, 개혁이 성공한 다음에야 민생이 있다는 논리가 아니고 무엇입니까? 이상입니다.

김딴지 변호사가 감정에 북받친 목소리로 변론을 끝내고 자리로 돌아갔다.

판사　네, 수고하셨습니다. 지금까지 위화도 회군 이후 고려의 정치 상황이 어떻게 변했는지 심도 있게 살펴보았습니다. 원고 측과 피고 측이 열띤 공방을 펼쳐 주셨는데요, 개혁의 진정성에 대한 부분은 모두가 좀 더 고민해 봐야 할 것 같습니다. 이 부분에 대해서는 아마 다음 재판에서 충분한 설명을 들을 수 있으리라 생각합니다. 이상으로 두 번째 재판을 마치겠습니다.

땅, 땅, 땅!

# 우왕은 신돈의 아들일까?

위화도 회군 후 권력을 잡은 이성계를 중심으로 한 신진 사대부가 창왕을 폐위할 때 '폐가입진(廢假立眞)'을 명분으로 내세웠습니다. 폐가입진이란 가짜 왕을 몰아내고 진짜 왕을 세운다는 뜻입니다. 우왕과 창왕이 왕씨가 아니라 신씨라고 주장한 것을 말하지요. 우왕이 공민왕의 아들이 아니라 신돈과 그의 비첩 반야와의 사이에서 태어났을 것이라는 추측에 근거한 것이었습니다.

창왕과 그 아버지인 우왕이 왕족이 아니라는 의심은 1374년 공민왕이 홍륜, 최만생 등에 의해 시해되고 왕위 계승 문제를 논할 때 처음 제기되었습니다. 그러나 이인임 등은 이를 부정하고 우왕을 왕위에 오르게 했습니다.

이후 1388년 위화도 회군 직후 이성계 측의 윤소종, 조인옥 등에 의해 우왕의 출생 문제가 다시 제기되었으나 조민수와 이색 등에 의해 창왕이 즉위하면서 관철되지 못했습니다. 이후 최영의 일파였던 김저가 우왕의 밀지를 받아 이성계를 살해하려 한 사건이 발생하자 이 문제는 다시 부각되었습니다. 이성계 일파는 이를 구실 삼아 창왕을 폐위하고 공양왕을 세웠습니다. 이성계가 역성혁명으로 왕위에 오르자 이 문제는 더욱 굳어져 조선 초기에 편찬된 『고려사』에는 우왕과 창왕을 신우, 신창이라 하여 일반 신하들과 같이 「열전」에 편입시켰습니다.

**다알지 기자**

시청자 여러분, 안녕하세요. 역사공화국에서 누구보다 빠른 뉴스, 법정 뉴스의 다알지 기자입니다. 오늘은 재판 둘째 날이었는데요, 오늘 재판에서는 랴오둥 정벌을 떠났던 이성계가 왕명을 어기고 위화도에서 군대를 돌린 행위가 과연 정당한 것이었는지에 대한 격렬한 논쟁이 있었습니다. 그럼 방금 재판을 마치고 나온 양측 변호사를 만나 보도록 하겠습니다.

**김딴지 변호사**

역사는 현실보다는 이상을 좇아야 한다고 생각합니다. 모두가 행복하게 잘살 수 있다는 이상을 위해 노력하는 것이 중요하다는 것입니다. 최영 장군이 계획한 랴오둥 정벌은 그 자체가 이상이었다고 할 수 있습니다. 고려 왕조의 통치 구조는 일순간에 완성된 것이 아닙니다. 470여 년간 시행 착오를 거듭하면서 정착된 것이지요. 어떻게 한순간에 바뀔 수 있겠습니까? 굳이 이성계가 아니더라도 사회 자정 능력에 의해 얼마든지 변화될 수 있는 것이지요. 백성들의 생활에 직접적인 영향을 미칠 수 있는 시설이나 제도를 마련하지도 않은 상태에서 그들이 말하는 개혁이란 얼마나 공허한 것입니까? 따라서 그들이 추구한 개혁의 최종 목적은 정권 교체였다고 생각합니다.

**이대로 변호사**

　　당시 랴오둥 정벌은 현실적으로 불가능에
가까운 일이었습니다. 그보다는 고려 내부 문제
에 관심을 갖는 것이 더 현명한 선택이었지요. 전쟁으
로 또다시 국력을 소모한다는 것은 오히려 백성들을 해치는 결과를 가
져올 게 불 보듯 뻔합니다. 위화도 회군 이후 고려는 부정부패와 비리
가 상당 부분 척결되었습니다. 제도 개혁을 통해 더 이상 권문세족이
백성들을 괴롭히지 못하게 만들었다는 것도 민생 안정에 기여한 측면
이라고 봐야겠지요.

# 유물로 만나는 이성계

이성계는 위화도 회군을 통해 정치적 실권을 잡고 자신을 지지하는 세력을 모아 새로운 나라 조선을 건국합니다. 조선의 첫 임금이 되었던 그를 유물을 통해 찬찬히 들여다봅시다.

### 조선 개국원종공신 녹권

고려·조선 시대에 공을 많이 세운 신하로 인정된 사람에게 지급한 문서를 '녹권'이라고 하는데 오른쪽 유물은 태조 4년에 만들어진 녹권이에요. 의주목사인 진충귀에게 준 문서로, 땅과 노비들을 하사한다는 내용이 적혀 있어요. 뿐만 아니라 후대 자손에게도 길이 벼슬을 주겠다는 내용이 담겨 있답니다. 자신을 도와 조선을 세우는 데 활약한 사람들에게 이성계는 녹권을 내려 주었지요. 현재 보물 1160호로 지정되어 보호받고 있습니다.

## 이성계의 호적

국민의 신분관계를 명확히 하기 위해 적는 공적인 장부를 호적이라고 했답니다. 오른쪽 유물은 조선 개국 직전에 만들어진 이성계의 호적이에요. 그의 고향인 함경도 화령에서 작성되었으며 전체의 길이가 386cm에 이르는 긴 문서이지요. 두루마리 형태의 이 문서에는 이성계의 이름과 관직 등이 적혀 있답니다. 현재 국보 131호로 지정되어 보호받고 있어요.

## 이성계의 착압

문서에 서명을 하거나 도장을 찍는 이유는 문서에 적힌 내용이 사실이라는 것을 증명하기 위해서입니다. 오른쪽 유물은 이러한 서명 중 '착압'에 해당하지요. 자기의 성명이나 직함 아래에 도장 대신 일정한 글자 모양을 쓰는 것을 착압이라고 하지요. 이 유물은 태조 이성계의 것으로 위쪽에는 '태상왕(太上王)'이라고 적혀 있고, 아래에는 일편단심(一片丹心)의 일심(一心)을 변형하여 만든 듯합니다.

출처: 국립중앙박물관 도록(www.museum.go.kr)

# 지킬 것인가,
# 바꿀 것인가?

1. 급진 개혁파와 온건 개혁파의 차이는 무엇일까?
2. 충신과 공신의 차이는 무엇일까?

# 급진 개혁파와 온건 개혁파의 차이는 무엇일까?

판사　마지막 재판을 시작하겠습니다. 지난 재판에서 살펴본 것처럼 위화도 회군이 없었더라면 신진 사대부가 정권을 장악하기는 어려웠을 것으로 보입니다. 따라서 위화도 회군과 신진 사대부의 개혁 정치는 밀접한 상관관계가 있다고 할 수 있겠네요. 그러나 당시 고려의 지식인들 모두가 피고의 개혁 정치에 동조한 것은 아니었습니다. 자, 그러면 본격적으로 이 문제에 대해 살펴보도록 하겠습니다. 오늘은 피고 측 먼저 시작해 주시죠.

**이대로 변호사**　네, 오늘은 위화도 회군 이후 고려 사회의 혼란을 어떻게 수습하는 것이 올바른 것이었는지에 대해 살펴보겠습니다. ▶개혁은 그 주체의 성향에 따라 급진적으로 진행될 수도 있고, 점진적으로 진행될 수도 있습니다. 이색, 정몽주와 같은 온건 개혁파는 기존의 제도와 전통을 유지하면서 점진적인 개혁을 주장했던 반면, 피고와 뜻을 같이한 조준, 정도전과 같은 급진 개혁파는 기존의 제도와 전통을 혁파하고 다시 새로운 원칙에 근거하여 개혁을 시행해야 한다고 주장했습니다. 그렇다면 이러한 차이는 어디에서 비롯된 것일까요? 먼저 사전 개혁에 대한 입장 차이를 알아보기 위해 조준을 한 번 더 증인으로 신청합니다.

**판사** 네, 좋습니다. 증인은 다시 나와 주세요.

**이대로 변호사** 지난 재판에서 말씀해 주신 것처럼 사전은 국가가 국역의 대가로 관리나 군인에게 지급한 토지이지요. 무신 정권 이후 토지 제도가 문란해지고 원 간섭기를 거쳐 고려 말기에 오면 불법적인 세습, 겸병과 탈점이 매우 심각한 수준에 이르게 되었는데요, 토지세는 일 년에 한 번 국가에 내는 것이 원칙이었지요?

**조준** 네.

**이대로 변호사** 그런데 당시 농민들은 한 해에 한 번만 내면 되는 세금을 적게는 서너 번에서 많게는 여덟아홉 번이나 부담해야 했으니 그 고통은 이루 말할 수 없었습니다. 관리들도 어렵기는 마찬가지였습니다. 당시 가장 많은 연봉을 받는 관리가 재상이라 할 수 있지요. 그러나 이 시기에 오면 재상은 300결의 토지와 360석의 **녹봉**을 받아야 하는데 20석도 안 되는 녹봉을 받게 됩니다. 그러니 과거에 급제하여 갓 관료가 된 일반 관리들의 상황은 어떠했겠

**결**
논밭 넓이를 재는 단위입니다. 1결은 1부의 100배인데, 그 넓이는 시대에 따라 달랐습니다.

**녹봉**
관리에게 일 년 또는 계절 단위로 나누어 주는 돈과 물품을 이르는 말입니다.

교과서에는

▶ 신진 사대부 사이에는 사원 경제의 폐단과 토지 소유 등 사회 모순에 대한 개혁을 두고 서로 다른 의견이 존재했습니다. 이색, 정몽주 등 온건 개혁파들은 고려 왕조의 틀을 유지하면서 개혁을 추진하려 했으나, 정도전 등 급진 개혁파는 고려 왕조를 부정하는 역성혁명을 주장했습니다.

습니까? 증인은 여기에 대한 대책이 있었습니까?

조준    네.

"허허, 나라에서 관리들의 월급을 줄 만한 능력도 없었다는 게 말이 안 되네."

"그러게 말입니다."

방청석에서 한숨 섞인 목소리가 흘러나왔다.

**이대로 변호사**    어떠한 대책이었나요?

조준    그러한 문제가 발생한 것은 말씀하신 것처럼 중복으로 받는데 있었어요. 그래서 이색과 권근의 경우 그 해결책을 규정대로 사전의 주인을 잘 가려서 일 년에 한 번씩만 거두자고 주장했지요. 그러나 나는 그렇게 생각하지 않았습니다. 당장 백성이 굶주리고 있는데 어느 세월에 사전의 주인을 가려낸다는 말입니까? 또 다른 사람의 땅을 빼앗은 후 자신의 땅이라고 우기는 사람들을 어떻게 가려낼 수 있겠습니까? 토지를 빼앗긴 농민은 이미 떠돌이나 노비가 되었고, 아니면 울화병에 숨을 거두었는데, 어떻게 본래 주인을 가려낼 수 있단 말입니까? 따라서 그것은 미봉책에 불과합니다.

**이대로 변호사**    그러면 보다 근본적인 해결책은 어떤 것이 있을까요?

조준    사전 자체를 혁파하는 것이지요. 사전을 모두 없애고 다시 분배하는 것입니다.

**이대로 변호사**    그게 가능한 일일까요? 그것은 제가 보기에 사전의 주인을 가려내는 것보다 더 어려운 일인 것 같은데요?

**조준**    쉬운 일은 아니지만 백성을 위해서라면 더 어려운 일도 해야지요.

**이대로 변호사**    네, 그렇습니다. 증인을 비롯한 급진 개혁파는 1388년(우왕 14)부터 전국의 토지를 조사하기 시작하여 1390년(공양왕 2)에는 공사 전적을 개경 거리에서 3일 동안 불태우고, 이듬해인 1391년에는 하나의 경작지에 한 명의 주인만 있을 수 있다는 과전법을 제정했습니다. 마침내 백성이 갈망하던 사전 개

**전적**
조세를 부과하기 위해 논밭을 측량하여 만든 토지 대장입니다.

**과전법**
관리에게 나누어 주는 토지입니다.

혁이 이루어진 것입니다.

　　방청석에서 박수가 쏟아져 나왔다. 박수 소리가 신경 쓰였는지 원고 측 변호사가 벌떡 일어나 말문을 열었다.

**김딴지 변호사**　　저는 좀 다르게 생각합니다. 고려 시대에도 개인의 재산권이 보호되었습니다. 그리고 토지를 소유한 지주들도 똑같은 고려의 백성입니다. 따라서 이색, 권근과 같은 온건 개혁파 신진 사대부의 주장이 오히려 합리적인 주장이라고 생각합니다. 그들의 주장대로 불법적으로 겸병하거나 탈점한 사전을 잘 가려서 원래 주인에게 돌려주고, 규정대로 일 년에 한 번씩만 세금을 거둔다면 문제될 것이 없습니다. 토지가 부족하다고 해서 열심히 공부하고 땀 흘려서 모은 토지를 사전 혁파라는 구실로 국가에 반납해야 한다고 생각해 보세요. 얼마나 억울한 일입니까? 여기서 재미있는 사실은 사전 혁파를 주장했던 급진 개혁파 인물들은 가진 게 별로 없었던 데 반해 온건 개혁파 인물들은 대부분 대토지를 소유하고 있었다는 사실입니다. 따라서 대토지를 소유한 온건 개혁파 인물들은 사전 혁파에 찬성하기 어려운 입장이었지요. 만일 증인이 조상 대대로 물려받은 토지나 자신의 노력으로 일군 합법적인 대토지가 있었다면 그래도 사전 혁파에 찬성하시겠습니까?

**조준**　　네, 당연합니다. 큰 것을 이루기 위해서 작은 희생은 감수해야 하지 않겠습니까?

**김딴지 변호사**    좋습니다. 한편 이들은 인재 선발 방식에 있어서도 차이를 보이고 있습니다. 이색, 정몽주 등은 기존의 인재 등용 방식인 음서제와 좌주 문생제를 찬성한 데 반해 정도전, 윤소종, 남재 등은 이에 반대했습니다. 이러한 사실도 따지고 보면 서로의 이해관계가 얽혀 있습니다. 이색은 과거를 주관하는 지공거인 좌주와 급제자인 문생의 관계를 부모와 자식 같은 관계로 여겨 사적인 인연을 중시했지요. 그러나 정도전 등은 권세가와 혈연적인 관계를 맺거나 좌주와 문생이라는 사적인 인연이 없었기 때문에 반대한 것입니다. 결국 철저히 자신들의 입장에 서서 개혁을 부르짖었다는 것입니다.

**이대로 변호사**    판사님, 이의 있습니다. 원고 측에서는 신진 사대부의 정치 신념을 개인적인 이해관계로 축소하여 폄하하고 있습니다.

**판사**    받아들입니다.

**이대로 변호사**    신진 사대부의 정치적 입장을 현재의 다원화된 시각에서 이해하는 것은 무리가 있다고 생각합니다. 신진 사대부가 온건 개혁파와 급진 개혁파로 갈리게 된 가장 중요한 이유는 그들의 사상적 차이에서 비롯된 것입니다.

신진 사대부는 유학자로서 주자학을 정치 이념으로 받아들이고 예(禮)에 입각한 사회 질서를 지향했지만 자신들이 처한 입장과 학문적 성향에 따라 우선순위를 다르게 인식했습니다. 온건 개혁파의

**음서제**
고려·조선 시대에 공신이나 고위 관료의 자제를 과거에 의하지 않고 관리로 채용하던 제도입니다.

**좌주 문생제**
과거에 급제한 사람은 과거 시험관인 지공거에 대하여 은문(恩門) 또는 좌주(座主)라 하여 문생(門生)의 예를 지켰습니다. 시험관인 지공거와 급제자 사이에는 평생 동안 좌주·문생이라는 공고한 유대 관계가 형성되었지요. 이러한 결속 관계는 고려 사회를 이끌어 가는 데 일정한 역할을 하기도 했지만, 문벌 정치로 인해 왕권을 약화시키는 등 많은 폐단을 불러일으켰습니다.

**주자학**
성리학을 달리 부르는 말입니다. 주자가 이를 집대성했다고 하여 이처럼 부르지요.

경우 음서제와 좌주 문생제를 인정했던 것처럼 혈연을 매개로 하는
가족 중심의 인간관계를 중시했습니다. 그래서 군신 간의 도리도 부
모와 자식 간의 관계처럼 임금에게 잘못이 있더라도 자식이 부모를
버리지 않듯이 임금을 배신할 수 없었습니다. 반면에 급진 개혁파는
사적인 인정보다는 공적인 의리를 중시했습니다. 음서제나 좌주 문
생제와 같은 사적인 은혜로 결속되는 관계를 비판하고 아무리 임금
이라 하더라도 대의명분에 어긋난다면 바꾸는 것이 당연하다고 생
각했습니다. 결국 자신이 처한 입장과 학문적 성향에 따라 신진 사

대부가 온건 개혁파와 급진 개혁파로 나뉜 것입니다.

**김딴지 변호사**    그렇다고 하더라도 대의라는 명분으로 권력을 장악하여 반대파를 숙청하고 합법적인 토지마저 빼앗은 것은 정당화될 수 없다고 생각합니다.

**판사**    자, 알겠습니다. 그 부분은 배심원 여러분들이 증언과 자료를 충분히 검토하고 결정할 것입니다.

# 2

# 충신과 공신의 차이는
# 무엇일까?

**이대로 변호사**　　급진 개혁파의 개혁 의지를 보다 분명하게 확인하기 위해 정도전을 증인으로 요청합니다.

　　네, 증인 정도전은 증인석으로 나와 선서해 주세요.

**정도전**　　선서! 나, 정도전은 진실만을 말할 것을 맹세합니다.

**이대로 변호사**　　▶증인 정도전은 여러분들도 잘 아시는 것처럼 조선 왕조의 정신적인 토대를 마련한 인물입니다. 그는 일찍이 이색의 문하에서 정몽주를 비롯한 당대의 이름난 학자들과 사귀었으며, 특히 문장이 뛰어나 동학들로부터 추앙을 받기도 했습니다. 과거에 급제하여 관직에 나아갔으나 가정 형편은 생계조차 유지하기 어려웠습니다. 국고가 바닥이 나서 과전은커녕 녹봉조차 받지 못했기 때문이죠. 게다가 당시 권세가와 아무런 인연 없이 관직 생활을 한다는 것은 참으로 고달픈 일이었지요. 그럼에도 증인은 권세가를 찾아가 고개를 숙이거나 관직을 구걸하지 않았습니다. 도리어 권신이라 할지라도 잘못을 저지르면 익히고 배운 대로 그 자리에서 바른말 하기를 꺼리지 않았습니다. 권문세족에게 그런 증인은 눈엣가시 같은 존재였지요. 결국 증인은 바른말을 한 대가로 유배 생활을 시작했습니다. 유배를 마치고 복직되면 다시 바른말을 하여 또 유배를 갔습니다. 유배 생활이라는 것은 참으로 적막하고 고통스러운 일입니다. 생계와 질병에 대한 기본적인 문제뿐 아니라 극도의 불안감과 삶에 대한 회의, 인생 무상을 느끼게 하지요. 그러나 증인은 유배 생활을 통해 자신의 처지보다 더 열악한 일반 백성의 고달픈 생활을 목격하게 되었습니다. 차마 굶어 죽지 못해 부모가 자식을 팔고, 형이 아우를 그리고 제 스스로를 팔아 노비가 되는 현실을 보면서 이 세상이 바뀌어야 한다고 믿기 시작했습니다. 증인은 그렇게 할 수 있다고 믿었습니다. 자, 그리고 증인은 9년간의 유배 생활을 마치고 피고를 찾아갔습니다. 그때가 1383년이죠?

**정도전**    네.

**이대로 변호사**    그때 무슨 말씀을 나누었는지 궁금한데요?

**정도전**    질서 정연한 이성계 장군의 군대를 지켜보면서 병법과 시국에 대한 대화를 주고받았습니다.

**이대로 변호사**    그때 증인은 피고의 막료가 될 것을 자청

> **동학**
> 한 학교나 한 스승 아래서 같이 공부하는 것, 또는 그런 사람을 뜻합니다.

교과서에는

> ▶ 정도전은 조선의 문물제도를 갖추는 데 크게 공헌한 사람입니다. 그는 민본적 통치 규범을 마련하고 재상 중심의 정치를 주장했습니다.

하셨습니까?

**정도전**　네, 이성계 장군이라면 도탄에 빠진 백성들을 구해 낼 수 있다고 생각했습니다.

**이대로 변호사**　결국 그렇게 되었는데요. 그렇다면 그때 역성혁명에 대해서도 언급하셨나요?

**정도전**　아닙니다. 어지럽고 혼란한 세상을 변화시키기 위해 힘을 합쳐 노력할 것을 맹세했습니다.

김딴지 변호사    이의 있습니다. 증인은 지금 거짓말을 하고 있습니다.

판사    무슨 근거라도 있습니까?

김딴지 변호사    증인은 피고를 만난 직후 전교 부령을 거쳐 성균 좨주, 지제교, 남양부사에 이어 성균관 대사성으로 승진했고, 게다가 위화도 회군 이후에는 밀직부사에 오르게 되었습니다. 이것이 무엇을 의미하겠습니까? 증인과 피고가 남모르게 꾸민 일이 현실로 드러나는 것을 의미하지 않습니까?

이대로 변호사    이의 있습니다. 당시 대화를 기록으로 남겨 놓은 것도 아닌데 심증만으로 증인에게 위증의 혐의를 묻는 것은 잘못입니다.

판사    받아들입니다. 원고 측은 발언을 취소해 주세요.

김딴지 변호사    네, 죄송합니다. 그렇다면 다르게 질문해도 되겠습니까?

판사    허락합니다.

김딴지 변호사    증인은 말년에 피고와의 관계를 중국 한나라의 고조 유방(劉邦)과 그의 뛰어난 책사 장자방(張子房)에 비유하는 말을 했지요?

정도전    네.

김딴지 변호사    유방은 농민의 신분에서 중국의 황제가 된 인물이고, 장자방은 유방이 황제의 자리에 오르기까지 그를 보좌한 인물이지요. 그렇다면 증인도 장자방과 같은 역할을 수행했기 때문에 그렇

막료
중요한 계획을 세우거나 시행하는 일을 보좌하는 사람입니다.

장자방
한나라 고조를 도와 천하를 통일하여 소하, 한신과 함께 한나라 건국의 삼걸(三傑)로 일컬어집니다.

게 말한 것입니까?

**정도전**　　네.

김딴지 변호사　　그렇다면 언제부터 장자방의 역할을 시작했나요?

**정도전**　　내가 쓴 글을 끝까지 다 안 보셨군요?

김딴지 변호사　　네?

**정도전**　　내가 고사를 인용한 것은 한 고조가 장자방을 등용했다기보다는 장자방이 한 고조를 이용해서 혼란을 수습하고 중국을 통일하여 황제 체제의 초석을 마련했다는 것을 강조하기 위해 한 말입니다.


　정도전은 김딴지 변호사의 유도 신문에 넘어가지 않고 오히려 김딴지 변호사를 난처하게 만들었다. 그러자 이대로 변호사가 기다렸다는 듯이 말을 이었다.


**이대로 변호사**　　그렇습니다. 증인은 조선 왕조의 정신적 초석을 마련했습니다. 정치 · 경제 · 사회 · 사상 · 군사 등 거의 모든 방면에 걸쳐 한 나라를 잘 이끌어 갈 수 있는 지침서를 남겼습니다. 그것은 조선이 500여 년의 긴 역사를 이어 나갈 수 있는 원동력이 되었습니다. 증인이 유배 생활을 통해 체득한 깨달음! 바로 그것이 그의 정치 철학에 녹아 있습니다. 백성을 위하고 백성을 사랑하는 그런 마음을 정치 이념으로 삼았기 때문에 조선은 수많은 외침과 시련을 이겨 낼 수 있었지요. 여러분, 역사 드라마를 보면 신하들이 왕 앞에 엎드려

'아니 되옵니다'라고 말하는 장면을 많이 목격하셨지요?

방청석에서 웃음소리가 들려왔다. 이대로 변호사가 난데없이 웬드라마 타령인가 하는 눈치였다. 그러나 이대로 변호사는 한 손을 움켜쥐며 비장한 목소리로 말을 계속했다.

**이대로 변호사**　웃을 일이 아닙니다. 죽음을 두려워하지 않는 신하들의 '아니 되옵니다'가 있었기 때문에 우리가 이만큼 올 수 있었습니다. 조선의 왕이 왜 중국의 황제와 같은 절대 권력을 누리지 못했겠습니까? 그건 바로 왕의 권력을 통제할 수 있는 정도전과 같은 신하가 있었기 때문입니다. 그래서 조선의 역대 왕들은 자신의 권력을 함부로 남용하지 못했지요. 경복궁과 자금성을 비교하면 어떻습니까? 그 웅장함에 눌려 상대적으로 경복궁은 초라하게 느껴질지도 모르겠습니다. 하지만 자금성의 화려함 이면에는 백성들의 피와 땀이 서려 있다는 사실을 기억해 주시기 바랍니다. 어느 쪽이 더 휴머니즘에 가까운 건축물이겠습니까? 존경하는 판사님, 그리고 배심원 여러분, 조선의 건국은 새 시대를 원하는 백성들의 간절한 소원이 개혁파들에 의해 이루어진 혁명적인 사건이었습니다. 고려의 입장에서 보면 반역자이지만 조선의 입장에서 보면 공신인 것입니다. 우리의 입장에서 판단하기보다는 그들의 선택을 존중해 주시길 부탁드리겠습니다. 이상입니다.

**판사**　네, 수고하셨습니다. 다음으로 원고 측의 주장을 들어 보겠습니다.

**김딴지 변호사**　　만일 고려가 랴오둥 정벌에 성공하고 조선이 세워지지 않았다면 역사는 어떻게 되었을까요? 그것은 아무도 모르겠지요. 지난 재판에서도 말씀드렸습니다만 역사는 늘 승자에 의해 기록되기 때문에 우리는 약자보다는 승자의 말에 더 귀를 기울일 수밖에 없습니다. 오직 증인만이 당시의 모든 고민을 안고 있었던 것은 아니었습니다. 온건 개혁파 인물들도 고려 말의 혼란을 수습하기 위해 노력을 아끼지 않았습니다. 그들 또한 자신의 신념을 죽음으로 지켰습니다. 정몽주를 증인으로 요청하겠습니다.

**판사**　　좋습니다. 증인 정몽주는 증인석으로 나와서 선서해 주세요.

**정몽주**　　선서! 나, 정몽주는 진실만을 말할 것을 맹세합니다.

**김딴지 변호사**　　증인 정몽주는 의종 때에 추밀원지주사를 지낸 정습명의 후손입니다. 그는 일찍이 학문에 전념하여 1360년 스물네 살의 나이로 과거에 장원 급제하고 여러 관직을 두루 역임하였고, 특히 피고와 함께 여진을 토벌한 적도 있습니다. 그는 성리학에 조예가 깊어서 스승 이색도 그를 두고 '동방 이학(理學)의 시조'라고 평할 정도였습니다. 그런 증인이 왜 사전 혁파에는 반대했을까요? 증언을 통해 확인해 보겠습니다. 증인은 왜 급진 개혁파의 사전 혁파에 반대하셨지요?

**정몽주**　　사전 혁파는 고려를 부정하는 행위이기 때문입니다.

**김딴지 변호사**　　어째서 그렇지요?

**정몽주**　　사전은 고려에 종사하는 관리들의 위계에 따라 지급한 토지입니다. 그러니 그 사전을 없애자는 것은 고려의 관리 체계를 무너뜨리고 위계질서를 부정하는 것과 같지요. 그래서 사전 혁파에 반대한 것입니다.

**김딴지 변호사**　　사전을 혁파하면 그것이 새 왕조의 경제적 기반으로 사용되리라는 것을 알고 계셨군요?

**정몽주**　　네.

**김딴지 변호사**　　그렇다면 사전을 혁파하지 않고서도 개혁이 충분히 가능하다고 보셨나요?

정몽주 초상

**정몽주**　　네.

**김딴지 변호사**　　알겠습니다. 그 부분에 대해서는 이미 설명이 있었기 때문에 다른 질문으로 넘어가겠습니다. 그러면 급진 개혁파가 왕조를 바꾸려는 불순한 의도를 가지고 있다는 것을 알고 계셨군요?

**정몽주**　　네.

**이대로 변호사**　　이의 있습니다. 원고 측에서는 역성혁명을 왕조를 바꾸려는 불순한 의도라고 폄하하고 있습니다.

**판사**　　인정합니다. 그리고 혹시 모르시는 분들이 있을지도 모르니 피고 측에서 역성혁명의 의미를 설명해 주세요.

**이대로 변호사**　　역성(易姓)이라는 말은 성을 바꾼다는 의미입니다. 전통적으로 왕위는 직계 장자에게 상속하는 것을 원칙으로 하고 있습니다. 따라서 왕의 성은 절대로 바뀌는 법이 없지요. 고려는 474년간 태조 왕건 이후 왕씨만이 왕위에 올랐습니다. 물론 조선도 태조 이성계 이후 505년 동안 이씨만이 왕이 될 수 있었습니다. 역성이라는 말은 본래 중국의 고전인 『맹자』의 「만장장」에 등장하는 말입니다. 제나라 선왕이 맹자에게 왕에 대한 신하의 도리를 묻자 맹자는 왕이 잘못을 하면 신하는 마땅히 왕의 잘못을 지적하여 바른 정치를 하도록 이끌어야 한다고 했어요. 그런데 다음 말이 충격입니다. 그래도 왕이 신하의 바른말을 듣지 않으면 왕의 지위를 바꿀 수 있다고 한 것입니다. 당시로서는 정말 파격적인 발언이 아닐 수 없는데요, 이성계를 비롯한 신진 사대부가 고려를 멸망시키고 조선을 세울 수 있었던 정당성도 맹자가 말한 '역성'에서 찾을 수 있겠지요.

김딴지 변호사     좋습니다. 역성혁명의 핵심 인물인 이방원이 증인을 회유하려는 시도가 있었다는데, 사실입니까?

정몽주     네.

김딴지 변호사     회유에 응하셨다면 새로운 왕조에서 부와 명예를 쌓을 수 있었을 텐데 왜 거절하셨습니까?

정몽주     나는 고려의 신하로서 왕의 은혜를 입었습니다. 그런 내가 어찌 조선의 왕을 섬길 수 있겠습니까?

김딴지 변호사     그렇습니다. 증인은 피고가 공양왕을 옹립하기 전까지는 뜻을 같이했지만 급진 개혁파가 역성혁명을 하려 한다는 사실을 알고 그들과 결별했습니다. 증인의 확고한 신념 때문이었지요. 그 후 증인은 역성혁명으로부터 고려를 지키기 위해 노력했습니다. 그러던 어느 날 피고가 사냥 중에 말에서 떨어져 다친 일이 일어났습니다. 이 틈을 타 증인은 고려를 지키기 위한 마지막 노력을 기울였습니다. 간관 이진양에게 조준을 비롯한 정도전, 남은, 윤소종 등을 모두 탄핵하게 하여 유배한 것입니다. 그러나 정권과 병권을 장악한 급진 개혁파를 상대로 증인이 할 수 있는 일은 그리 많지 않았습니다. 유일한 희망은 그들이 스스로 포기하기를 바라거나 포기하도록 설득하는 방법뿐이었지요. 그래서 증인은 이성계 일파가 자신의 목숨을 노리고 있다는 것을 알면서도 피고의 병문안을 갔습니다. 이때 증인은 이방원과 마주쳤는데요, 그때 어떤 대화를 나누었는지 기억나십니까?

**정몽주**　서로 한 편의 시를 주고받았을 뿐입니다.

**김딴지 변호사**　여러분, 이방원은 이성계의 아들 중에서도 학문에 관심이 많아 과거에 급제한 경력도 있습니다. 이방원은 평소 정몽주의 학문을 흠모하고 있었기 때문에 자신의 세력이 유배되는 상황에서도 증인을 회유하고자 했습니다. 그때 이방원이 증인을 붙잡기 위해 읊은 〈하여가(何如歌)〉를 읽어 보겠습니다.

　　이런들 어떠하리 저런들 어떠하리
　　만수산 드렁 칡이 얽혀진들 어떠하리
　　우리도 이같이 얽혀 백 년까지 누리리다.

　짧은 순간이었지만 증인은 〈단심가(丹心歌)〉를 지어 화답했습니다. 읽어 보겠습니다.

　　이 몸이 죽고 죽어 일백 번 고쳐 죽어

백골이 진토되어 넋이라도 있고 없고
님 향한 일편단심이야 가실 줄이 있으랴.

방청객들은 탄식을 했다. 언제 들어도 가슴을 메이게 하는 시구이기 때문이었다. 원고와 피고는 지난날을 회상하듯 모두 눈을 감은 채 김딴지 변호사가 낭독하는 시를 묵묵히 듣고 있었다.

**김딴지 변호사**  〈하여가〉를 읊조리며 증인의 마음이 돌아서기를 기대했던 이방원은 〈단심가〉를 듣고는 더 이상 망설이지 않고 증인을 살해했습니다. 존경하는 판사님, 그리고 배심원 여러분, 원고 최영이야말로 증인과 같이 고려를 지키고자 했던 충신이었습니다. 원고의 입장은 증인의 입장과 다르지 않았습니다. 권문세족을 옹호하고 그들을 보호하기 위함이 아니라 470여 년의 고려 왕실을 수호하기 위해 랴오둥 정벌을 단행한 것입니다. 그런 피고에게 잔인한 사람이라는 오명과 권문세족과 같은 부류라는 오해를 받는 일이 없도록 현명한 판결을 내려 주시길 부탁드리겠습니다. 이상입니다.

**판사** 네, 수고하셨습니다. 벌써 시간이 다 되었군요. 오늘 재판에서는 위화도 회군 이후 실제로 개혁이 어떻게 진행되었는가? 그리고 개혁 세력 내에서도 온건 개혁파와 급진 개혁파로 갈리게 되는 요인과 그들의 선택에 대해서도 살펴보았습니다. 또한 본 재판의 최대 쟁점이라고 할 수 있는 당시 지식인들에게 있어서 고려와 조선이 갖는 의미에 대해서도 고민해 볼 수 있었습니다. 우리가 그들을 우리의 잣대로 평가하기보다는 그들의 입장에서 그들의 선택을 존중해야 한다는 말은 다시 한 번 음미해 봐야 할 것 같습니다. 양측의 주장을 충분히 고려해서 판결을 내리겠습니다. 이것으로 재판을 모두 마치겠습니다. 잠시 후에 원고와 피고의 최후 변론을 듣겠습니다.

땅, 땅, 땅!

**다알지 기자**

안녕하세요. 오늘은 지금까지 재판에 참석한
증인 분들을 모시고 말씀을 나눠 보도록 하겠습니다.
모두 한자리에 모시기가 참 어려웠는데요, 이렇게 인터뷰에 응해 주셔
서 대단히 감사합니다. 서로 인사들 나누시죠. 먼저 이인임 씨께 질문
을 드리겠습니다. 증인께서 출두하리라고는 아무도 예상하지 못했는
데요, 어떻게 피고 측 증인으로 나올 결정을 하게 되셨는지요?

왜 이성계는 위화도에서 군대를 돌렸을까?

이인임

　사실 내가 무슨 낯으로 그런 자리에 나가
겠습니까. 마음을 고쳐먹고 또 고쳐먹고 '그래, 역
사 앞에 사죄하는 마음으로 나가자' 이렇게 결심했지요. 그런데 막상
나가 보니 그래도 최 장군 보기가 영 민망해서 고개를 들 수가 없었습
니다. 내가 음덕으로 처음 조정에 나갔을 때는 조부님 명성에 흠이 될
까 얼마나 조심했는지 모릅니다. 그런데 권력이라는 게 참 묘하더라고
요. 한 번 권력의 맛에 취하니까 헤어날 수가 없었습니다. 그때 최 장군
의 용맹과 충성을 보고 감탄하여 내가 최 장군의 승진에 도움을 주긴
했는데 우직한 양반이라 그것도 은혜라고 생각해서 나 때문에 못할 짓
도 하고 그랬지요. 최 장군을 만나서 진심으로 사과했습니다.

우왕

나는 열 살이라는 어린 나이에 왕위에 올랐습니다. 열 살이라고는 하지만 그때 이미 『공자』와 『맹자』를 읽었습니다. 좋은 정치를 해 보겠다는 의욕도 컸지요. 하지만 이인임의 추대를 받고 왕위에 올랐기 때문에 그의 간섭을 뿌리치기란 쉬운 일이 아니었습니다. 그래서 신하들의 충성을 시험하기 위해 허튼 짓도 많이 했지요. 그래도 랴오둥 정벌은 후회하지 않습니다. 내가 처음이자 마지막으로 소신껏 왕권을 발휘했다고 생각하니까요. 위화도 회군 이후 상황은 걷잡을 수 없이 변해 갔습니다. 후회하면 항상 늦지요. 선조들에게 나는 죄인일 뿐입니다. 나로 인해 고려 왕실의 후손들과 개국 공신들의 후손이 그 지경에 이르렀으니까요.

왜 이성계는 위화도에서 군대를 돌렸을까?

정몽주

　내가 한 말씀 올리겠습니다. 전하, 너무 애통
해 하지 마십시오. 전하 때문에 그렇게 된 것이 아닙
니다. 저 달과 저 해를 보세요. 아직도 차면 기울고 낮과 밤을 밝히고 있
질 않습니까? 제 가슴 속엔 아직도 스승님과 전하와 고려가 영원히 남
아 있습니다. 우리 마음속에 진실이 있는데 저들이 거짓이라 우긴다 한
들 진실이 거짓이 되지는 않습니다. 그만 잊어 버리십시오. 고려의 후
손들도 전하를 원망하지 않을 것입니다.

이성계는 왕명을 어긴
반역자입니다!

VS

위화도 회군은 백성을 위한
선택이었습니다!

**판사** 자, 마지막으로 당사자의 심경을 들어 보는 시간을 갖도록
하겠습니다. 자, 그럼 원고 측 변론하세요.

**최영** 존경하는 판사님, 그리고 배심원 여러분, 고소장에 이미 나
의 분명한 입장을 밝혔습니다만, 재판 과정을 지켜보면서 한편으로
는 마음이 후련해지는 것을 느꼈습니다. 돌아보면 나는 한평생을 전
쟁터에서 보냈습니다. 전쟁터에 나가서는 물러서지 않았고, 부하들
의 사기를 높이기 위해 늙은 몸을 이끌고 오히려 앞장서서 싸웠습니
다. 그러나 사람들은 내가 죽이기를 좋아하는 사람이라며 비난했습
니다. 이는 피고의 무리가 나를 해치려는 의도로 퍼뜨린 유언비어에
불과합니다. 전쟁터에서는 한순간도 긴장을 늦출 수가 없습니다. 삶
과 죽음 그리고 나라의 안위가 우리에게 달려 있기 때문입니다. 그

래서 우리는 패할 수가 없습니다. 병사들이 죽음을 두려워하여 도망가지 않도록 군령을 엄중하게 적용해야만 했던 것입니다. 그런 나를 어찌 잔인한 사람이라며 유언비어를 퍼뜨릴 수 있습니까! 나는 이에 대해 피고에게 공식적인 사과를 요청하는 바입니다.

그리고 원나라가 쇠망하자 명나라가 중국의 새로운 강자로 부상했습니다. 1388년 명나라는 원나라가 지배하던 쌍성총관부에 또다시 철령위를 세워 그 지역을 자기들이 다스리겠다고 했습니다. 원 간섭기가 끝나기도 전에 또다시 명나라의 간섭이 시작된 것입니다. 우리가 저들의 요구를 들어주지 않으면 저들은 반드시 군대를 모아 고려로 쳐들어올 것이 분명했습니다. 나는 이 문제를 놓고 국왕을 비롯한 여러 대신들과 밤낮으로 고민했습니다. 그 결과 과거의 전철을 밟지 않고 잃어버린 옛 영토를 찾기 위해 우리가 먼저 랴오둥을 공격할 것을 제안했습니다. 그리고 국왕의 허락과 조정 대신들의 합의에 의해 랴오둥 정벌이 결정되었습니다. 그러나 이성계는 왕명을 받들어 출정하는 척하더니 위화도에서 다시 군사를 되돌려 반란을 일으키고, 자기들끼리 죽이는 것도 모자라 마음대로 왕을 폐하고 정권을, 그리고 병권마저 장악했습니다. 그렇게 고려를 멸하고 조선을 세웠습니다. 이것은 대역무도한 반역죄에 해당합니다. 존경하는 판사님, 그리고 배심원 여러분, 반역죄는 아무리 세상이 변해도 엄벌로 다스려야 합니다. 이상입니다.

**이성계**    존경하는 판사님, 그리고 배심원 여러분, 나는 어려서부터 최 장군을 흠모하고 존경해 왔습니다. 그래서 열심히 무예를 연마하

여 전쟁에 나가게 되었고, 전쟁에 나가면 최 장군을 본받아 고려를 위협하는 그 어떤 적도 용납하지 않고 모두 물리쳤습니다. 백성들에게 최 장군과 같은 희망을 주고 싶었습니다. 그러나 당시 권문세족의 횡포는 백성들의 생존권을 위협했고 국가 재정은 파탄 지경에 이르러 관리의 녹봉조차 제대로 지급할 수 없는 상황에 이르렀습니다. 그러니 일반 백성들의 삶은 얼마나 더 힘들었겠습니까? 왜구를 막는 것이 조금이라도 백성들을 위하는 길이라고 마음먹고 왜적이 있

　왜 이성계는 위화도에서 군대를 돌렸을까?

는 곳이면 어디든지 달려가서 쳐부수었습니다. 그러나 아무리 왜구를 막아내도 백성들의 삶은 조금도 나아지는 것 같지 않았습니다. 권세가의 토지 탈점이 더 큰 문젯거리였기 때문입니다. 조준이 말하기를 사전 혁파와 같은 근본적인 개혁이 이루어지지 않는다면 백성들의 고통은 계속될 것이라고 했습니다. 그래서 회군 이후 가장 먼저 추진한 것이 바로 사전 혁파였던 것입니다. 랴오둥 정벌이 시작되면 고려와 명나라는 대규모 전면전을 피할 수 없습니다. 그렇게 되면 국력은 소진되고 백성들은 또다시 전쟁의 참화 속에 고통받게 될 것이 분명했습니다. 무엇이 백성들을 위한 길인가를 개혁파 인사들과 머리를 맞대고 고민했습니다. 회군은 오로지 백성을 위한 선택이었습니다. 전쟁을 통해 옛 영토를 회복하는 것보다 고통받는 백성들을 위해 개혁을 추진하는 것이 급선무라고 믿었습니다. 그것은 나를 비롯한 개혁파 인사들의 사명이었습니다. 존경하는 판사님, 그리고 배심원 여러분, 나를 비롯한 개혁파 인사들의 진심을 헤아려 주십시오.

판사　　원고 측도, 피고 측도, 그리고 배심원단 여러분들도 모두 수고 많으셨습니다. 배심원의 평결서를 참고하여 판결을 내리도록 하겠습니다.


　땅, 땅, 땅!

## 역사공화국 한국사법정 재판 번호 21 최영 vs 이성계

---

### 주문

---

본 법정은 원고가 오명을 입은 것에 대한 피고의 무고죄는 인정되나 피고의 반역죄에 대해서는 무죄를 판결한다.

---

### 판결 이유

---

원고 최영은 한평생을 전장에서 보내며 한 인간으로서 이뤄 내기 어려운 수많은 공적을 쌓았음에도 죽이기를 즐겨 한다는 오명을 입어 피고를 상대로 무고죄를 제기했다. 또한 왕명을 어기고 회군한 피고 이성계를 반역죄로 고소했다.

역사공화국 한국사법정은 원고 최영이 고려 말기 최고의 명장이었다는 사실을 증인의 증언과 증거 자료를 통해 분명히 확인할 수 있었다. 배심원 전원과 심지어 피고조차 인정하고 있듯이, 원고의 일부 행위, 즉 '죽이기를 즐겨 한다'거나 '죽이기를 좋아한다'는 피고 측에 의한 오명은 명백한 무고죄가 인정된다. 따라서 피고는 원고가 요구하는 공식적인 사과를 해야 하며, 정신적인 피해 보상에 관해서는 추후 합의하여 결정할 것을 판결한다. 또한 원고가 피고에 대해 고소한 '왕명을 어기고 회군한 사실에 대한 반역죄'는 당시 정황을 고려하여 증언과 증거 자료를 종합한 결과 피고가 위화도 회군의 명분으로 내세운 '명과의 전쟁은 국력을 소모시키고 백성을 도탄에 빠지게 한다'는 주장이 인정된다. 또 원고 측이 주장하는 위화도 회군의 목적을 단순히 정치권력을 잡으려는 야욕으로만 보기에는 증거 자료의 이중 해석이 가능하고, 사전 개혁이 백성들에게 긍정적인 효과가 있었다는 측면이 인정되므로 반역죄에 대해서는 무죄를 판결한다.

원고 최영은 국가를 유지하고 보호해야 하는 임무를 띤 군대의 시각에서 본다면 충실한 무장이었다고 할 수 있다. 또한 성공 여부는 차치하고라도 대국인 명에 굽히지 않고 오히려 정벌을 시도했다는 점에서 그의 확고한 자주성과 용기를 높이 사야 한다. 그러나 그는 당시의 부패하고 모순된 현실을 개혁하려 하지 않았으며 앞날을 내다볼 수 있는 혜안을 갖지 못했다는 측면에서 비판받을 소지가 있다.

피고 이성계는 군대의 시각에서 명령을 어긴 하극상의 대표자가 될 수 있지만 당시의 모순된 현실을 개혁하고 새로운 사회를 건설하고자 했다는 측면에서는 긍정적인 평가를 내릴 수 있다. 이렇듯 한 시대의 마지막에 서로 다른 장단점을 가지고 활동했으며 그에 따라 운명이 갈렸지만, 결국 그 시대의 요구를 더 잘 읽어낸 쪽이 이성계였다는 점은 부정하기 어렵다.

역사공화국 한국사법정 담당 판사 정역사

# "자신을 죽인 원수에게 박수를 보내다니! 최영 장군은 큰사람이야!"

김딴지 변호사는 수북이 쌓인 증거 자료 더미 위에 몸을 뉘었다. 딱딱한 책상이 구름처럼 포근했다. 바로 그때 어디선가 '괜찮아요'라는 목소리가 들려왔다.

"최 장군님? 설마 그럴 리가 재판이 끝난 지가 언제인데……."

김딴지 변호사는 아무도 없는 텅 빈 사무실에서 주위를 둘러보며 인기척을 찾고 있는 자신의 모습에 피식 웃음이 났다.

"피곤하면 가끔 이렇지 뭐."

김딴지 변호사는 애써 미소를 지으며 지그시 눈을 감았다. 그러나 자신도 모르는 사이에 혼잣말로 '괜찮아요'라는 말을 되뇌었다. 이 말은 최 장군이 재판정을 나가면서 그에게 남기고 간 유일한 말이었다.

"왜 나한테 괜찮다는 말을 남기고 떠난 걸까? 그토록 이성계가 반역자라고 분개하셨는데 결국 반역죄는 무죄 판결을 받고 말았잖아. 무고죄는 인정받았어도 재판에서 이겼다고는 할 수 없지. 나를 위로하려고 하신 말씀일까?"

김딴지 변호사는 최 장군의 나지막한 목소리를 잊을 수 없어 생각에 잠겼다.

"박수칠 때부터 알아봤지, 피고를 향해 박수를 치다니⋯⋯. 자기가 고소해 놓고⋯⋯."

김딴지 변호사는 입가에 미소를 지으며, 책상 위에 놓여 있는 종이에 큼직하게 '괜찮아요'라는 말을 적었다. 그리고 그 아래 '박수'라는 단어를 적었다. 그러더니 갑자기 자리에서 일어나 서가에 꽂힌 사전을 꺼내 들었다.

"어디 보자⋯⋯. 박수는 기쁨, 찬성, 환영을 나타내거나 장단을 맞추려고 두 손뼉을 마주 치는 것. 법정에 나와서 기쁠 리는 없고, 찬성? 피고의 의견에 찬성한다는 말인가?"

불길한 예감이 김딴지 변호사의 뇌리를 스쳤다.

"대개 사람들은 젊었을 때 용감하고 적극적이며, 나이 들어서는 신중하고 소극적으로 변한다던데, 이번 경우는 그 반대인 것 같아. 나이 든 최영이 랴오둥 정벌을 주장하고, 그보다 한참 나이 어린 이성계가 랴오둥 정벌이 불가하다고 주장했으니 말이야. 그런데 왜 최 장군님은 자신이 랴오둥 정벌을 주장해 놓고도 직접 군대를 지휘하지 않았을까?"

김딴지 변호사는 잠시 생각에 잠기는 듯하더니 이내 한숨을 내쉬며 말했다.

"그렇군. 졌구나. 그때 느꼈던 어색하고 메스꺼운 불길함이 이거였어. 최 장군님은 자신이 랴오둥 정벌을 주장해 놓고도 직접 군대를 지휘하지 않았기 때문에 이번 재판에서 이성계가 회군을 하고 고려를 망하게 한 반역죄에 대해서는 지고 말 것이라는 걸 알고 있었어. 그래도 그는 큰사람이야. 자신을 죽인 원수에게 박수를 보낼 수 있었으니……."

김딴지 변호사는 최영의 마지막 모습을 떠올리며 한참동안 '괜찮아요'라는 글을 내려다보았다.

# 남해에서 만나는 최영과 이성계

아름다운 바다로 유명한 경남 남해에 가면 고려 말 유명한 두 인물의 흔적을 찾을 수 있습니다. 바로 최영과 이성계이죠.

### 최영을 모신 무민사

최영은 서해안과 남해안에 침입하는 왜구를 격파하는 데 앞장섰던 장군으로, 지금의 남해 미조항인 미조항진에 들러 수군들을 격려하기도 하였습니다. 최영의 시호는 '무민'으로 무민공으로 불립니다. 무민공 최영을 모시고 있는 남해 무민사에는 예로부터 전해 오는 전설이 있다고 합니다. 조선 중기에 미조진항 첨사가 꿈을 꾸었는데, 꿈속에 노인이 나타나 '최영 장군의 영정과 칼이 바닷가에 있으니 찾아서 잘 모셔 놓아라'라고 하였답니다. 첨사는 수문장에게 이를 찾아보라고 했고, 나무로 만든 궤짝 속에서 최영 장군의 영정과 칼을 발견할 수 있었습니다.

최영 장군을 모신 무민사는 '장군당'이라고도 불리는데, 수려한 바다 경관을 자랑하는 미조리에서 만날 수 있지요. 미조항은 오늘날 남해안의 대표적인 청정해역이지만, 고려 시대와 조선 시대에는 군항의 역할도 톡톡히 한 역사적인 장소입니다.

**찾아가기** 경남 남해군 미조면 미조리

### 이성계가 기도를 올린 금산 보리암

최영 장군의 무민사에서 머지않은 곳에 이성계와 관련된 역사 깊은 장소도 만날 수 있습니다. 바로 이성계가 조선을 얻으면 산 전체를 비단으로 수놓아 주마 약속하고 백일기도를 드린 금산 보리암이지요.

보리암은 신라 시대 원효가 초당을 짓고 수도하면서 살았던 초암으로 '보광사'로 전해집니다. 그러던 것이 이성계가 이곳에서의 기도로 조선을 열 수 있었던 것에 감사하며 이 절을 '보리암', 이 산의 이름을 '금산'으로 바꾸었지요. 보리암은 깨달음을 얻어 도를 이룬다는 뜻입니다.

현존하는 건물로는 보광전, 간성각, 산신각 등이 있고 해수관음보살상과 삼층석탑이 있습니다.

**찾아가기** 경남 남해군 상주면 상주리 2065

남해 무민사

금산 보리암

『역사공화국 한국사법정 21 왜 이성계는 위화도에서 군대를 돌렸을까?』와 관련한 논술 문제를 풀어 봅시다.

※ 다음 제시문을 읽고 물음에 답하시오.

**우왕**　지금 중국은 주원장이 화남을 통일하고 황제로 즉위하면서 명을 건국하였다고 하오. 기세등등하던 원나라가 한풀 꺾인 틈을 타 명은 우리에게 공민왕이 회복한 철령 이북의 땅을 다시 내놓으라고 요구하고 있소. 이를 어쩌면 좋겠소.

**최영**　전하! 명의 요구는 말도 안 되는 것입니다. 명은 건국한 지 얼마 되지 않아 내정이 불안정할 것입니다. 이 기회에 오히려 우리가 랴오둥까지 쳐들어가는 것이 옳습니다. 그러면 랴오둥까지 정벌할 수 있습니다.

**이성계**　아니됩니다, 전하! 지금은 더운 여름입니다. 군사를 움직이기 적합한 때가 아니옵니다. 또한 북방으로 군사를 이동시키면 남쪽의 왜구가 쳐들어올 수도 있습니다.

1. 왼쪽의 대화는 랴오둥 정벌을 둘러싼 우왕과 최영, 이성계의 대화를 가상으로 꾸며 본 것입니다. 최영과 이성계의 주장 중 하나를 골라 주장을 뒷받침하는 내용을 쓰시오.

---

---

---

---

---

---

---

---

---

---

---

---

---

※ 다음 제시문을 읽고 물음에 답하시오.

(가) 이성계는 온건 개혁파의 대표인 정몽주를 자기 편으로 만들기
위해 노력했습니다. 하지만 정몽주는 끝내 거부하고 선죽교에
서 살해당하고 맙니다.

(나) 조선의 태조가 된 이성계는 고려의 신하를 받아들이려고 했으
나 고려의 충신들이 이를 거부합니다. 특히 100여 명의 고려 충

신들은 개경의 광덕산 두문동에서 풀뿌리를 캐어 먹으며 살았습니다. 태조는 이들에게 조선의 신하가 되어 달라고 설득했지만 대부분 이를 거절하고 두문동에서 나오지 않았습니다. 결국 이성계는 두문동에 불을 질렀고 고려의 충신들은 불에 타 죽고 맙니다. 꼼짝하지 않고 들어 앉아 있는 사람을 지칭하는 '두문불출'이라는 사자성어는 이 일화에서 비롯되었습니다.

2. (가)와 (나)를 읽고 조선을 건국한 이성계의 행동을 비판하여 쓰시오.

**해답 1** 최영의 주장을 뒷받침하는 내용을 써 보겠습니다. 당시 랴오 둥을 정벌을 명령한 것은 고려 왕이었습니다. 고려 사람이라면, 고려의 장수라면 왕의 명령을 따라야 하는 것이 마땅합니다. 또한 명나라는 자기가 원나라를 멸망시키고 고려가 원나라 때 이미 되찾은 땅을 내놓으라고 하는데 이 주장은 억지스럽습니다. 철령 이북의 땅은 원나라의 땅도, 명나라의 땅도 아닌 원래 고려의 땅이기 때문입니다.

**해답 2** (가)와 (나) 모두 이성계가 자신의 뜻에 따르지 않는 고려의 충신들을 죽음으로 내몬 이야기입니다. 이성계와 신진 사대부는 정치, 경제, 교육 등 여러 분야에서 개혁을 시도하였습니다. 그런데 신진 사대부도 급진적인 성향을 가진 급진 개혁파와 그렇지 않은 온건 개혁파로 나뉩니다. 급진 개혁파를 대표하는 인물은 정도전이고, 온건 개혁파를 대표하는 인물은 정몽주였지요. 온건 개혁파는 고려의 개혁을 원했으나 새 나라 건설은 반대했습니다. 그래서 새로운 나라를 세우려는 이성계와는 끝까지 뜻을 같이할 수 없었지요. 그결과 죽게 된 것입니다. 그런데 이렇게 자신과 뜻을 같이 하지 않는다는 이유만으로 사람을 죽인 행동은 옳지 않습니다. 본래 정치란 서로 견제하고 또 비판하면서 성장하는 것이므로 올바른 정치를 위해서라고 해도 바람직한 행동이라고 볼 수 없습니다.

* 해답은 예시로 제시된 내용입니다.

역사공화국 한국사법정 21

# 왜 이성계는 위화도에서 군대를 돌렸을까?

ⓒ 김갑동 2011

초    판 1쇄 발행일  2011년 3월 28일
개정판 1쇄 발행일  2014년 3월 18일
개정판 7쇄 발행일  2024년 2월 1일

지은이      김갑동
그린이      조진옥
펴낸이      정은영

펴낸곳      (주)자음과모음
출판등록    2001년 11월 28일 제2001-000259호
주소        10881 경기도 파주시 회동길 325-20
전화        편집부 (02) 324-2347 경영지원부 (02) 325-6047
팩스        편집부 (02) 324-2348 경영지원부 (02) 2648-1311
이메일      jamoteen@jamobook.com

ISBN  978-89-544-2321-2 (44910)